Ulli Zika

DAMPFGAREN
Low Carb

60 gesunde, schlanke und schnelle Rezepte

Impressum

Bildnachweis:

Peter Barci: Coverfoto, Seite 47, 61, 67, 119, 121
Ulli Zika: Seite 39, 45, 49, 55, 95, 111
fotolia: Seite 7, 8, 9, 14, 16, 17, 18, 19, 20, 23, 25, 29, 41, 51 57, 69, 71, 75, 79, 85, 87, 103, 107, 115, 123
iStock: Seite 26, 28, 31, 33, 99, 125
dreamstime: Seite 27
Robert Saringer: Autorenfoto U4

Impressum:

ISBN: 978-3-7088-0686-0

Copyright:

Kneipp Verlag GmbH & Co KG
Lobkowitzplatz 1, 1010 Wien
www.kneippverlag.com
www.facebook.com/KneippVerlagWien
Autorin: Ulli Zika
Lektorat: Heidi Hölbling-Fellhuber
Cover und Grafik: Oskar Kubinecz, www.kubinecz.at
Druck: FINIDR, s.r.o

Printed in the EU
1. Auflage, September 2016

Ulli Zika

DAMPFGAREN
Low Carb

60 gesunde, schlanke und schnelle Rezepte

Inhalt

Einleitung: Low Carb aus dem Dampfgarer — 6

Hülsenfrüchte
Herzhafte Pilz-Minestrone mit Schinken und Parmesan — 36
Rote Bohnensuppe mit Chili und Schafskäse — 37
Mexikanische Tortilla mit scharfer Avocadocreme — 38
Chicorée-Schiffchen mit mediterraner Bohnencreme — 40
Italienischer Antipastiteller — 42
Belugalinsensalat mit Kohlrabi und gelben Rüben — 43
Bohnensalat Caprese — 44
Mungbohnen-Karotten-Salat — 46
Rahmlinsen mit Radieschen — 48
Kichererbsen in Paprika-Tomaten-Sauce — 50
Kichererbsen mit Hühnerbrust in Orangen-Safran-Sauce — 52
Kichererbsen mit Spinat auf spanische Art — 53
Scharfes Kichererbsencurry auf Thai-Art — 54
Selbst gemachte Thaicurrypaste — 54
Indisches Linsen-Dal — 56
Gelbes Linsenpüree mit Selchkareewürfeln — 58
Herzhafter Bauernlinsentopf mit Steinpilzen und Selchfleisch — 59
Blanchierte Zuckererbsenschoten mit Cashewkernen — 60
Bohnen in Sellerie-Tomaten-Sauce — 62

Obst und Gemüse – vegetarisch und vegan
Fenchel-Tomaten-Suppe mit Basilikum und Parmesan — 64
Grüne Spargel-Kohlrabi-Suppe mit Zitrone — 65
Paprika-Tomaten-Süppchen mit Mandeln — 66
Gefüllte Tomaten mit Mandeln und Schafskäse — 68
Spargel-Nuss-Salat — 70
Spargel mit Sonnenblumenkernen — 72
Spargel auf italienische Art — 73
Karfiol und Brokkoli in Butter-Nuss-Bröseln mit Zitronen-Avocado-Creme — 74
Romanesco und Karfiol mit Basilikum-Ziegenkäse-Creme — 76
Kohlrabi-Spaghetti mit Pinienkernen — 77
Zucchini-Spaghetti mit Basilikum — 78
Indischer Kokos-Spinat mit gebratenem Räuchertofu — 80
Chili-Minz-Spinat mit Rahmeiern und Walnüssen — 81

Gemüsepüree mit Haselnüssen und gebratenen Kräuterseitlingen ------------- 82
Kohlrabi in Bohnen-Zitronen-Sauce mit Sonnenblumenkernen ----------------- 83
Topfencreme mit Rhabarber-Erdbeer-Ragout ---------------------------------- 84
Sommerbeeren mit Pistazien -- 86
Buntes Sommerkompott -- 88

Fleisch und Geflügel

Klare Asia-Hühnersuppe mit Austernpilzen und Gemüse ----------------------- 90
Kalter Rindfleisch-Fisolen-Salat mit Kürbiskern-Senf-Dressing ----------------- 91
Spargelsalat mit Huhn auf Thai-Art -- 92
Hühnerbrust im Kürbiskern-Pfeffer-Mantel auf Blattsalat und Zuckererbsen - 93
Curry-Hühnerspießchen auf Karotten-Ingwer-Kraut mit Erdnüssen ------------- 94
Hühnerkeulen in Kokos-Zucchini-Curry -------------------------------------- 96
Hühnerbrust auf Kohlgemüse -- 97
Krautrouladen in Paprika-Mandel-Sauce ------------------------------------- 98
Lamm mit Zitrone, Sellerie und Salbei ------------------------------------ 100
Schweinsgulasch mit roten Linsen --- 101
Faschierte Fleischlaibchen mit Walnüssen und Pesto-Rahm ------------------ 102
Scharfer Putentopf mit getrockneten Tomaten und Kapern ------------------- 104
Schweinslungenbraten mit Knoblauch-
Kümmel-Fülle in Leinsamen-Senf-Sauce ------------------------------------- 106
Saftige Putenkeule mit Zwiebeln in Sojasauce ----------------------------- 108

Fisch und Meeresfrüchte

Sauerkrautsuppe mit Karpfenfilet --- 110
Fenchel mit Lachs und Oliven --- 112
Rote-Rüben-Türmchen mit Saiblingscreme ----------------------------------- 113
Garnelen in Sesam-Zitronen-Dressing auf Zucchini-Nudeln ------------------ 114
Sommerlicher Oktopus-Paprika-Salat --------------------------------------- 116
Bunter Sprossen-Blattsalat mit Forelle in Zitronen-Senf-Dressing --------- 117
Heimische Seeforelle auf Limetten-Safran-Gemüse -------------------------- 118
Bunte Gemüsespaghetti mit Forellenröllchen und Basilikum-Aioli ----------- 120
Miesmuschel-Wurzelgemüse-Topf -- 122
Zander im Dillmantel mit Zucchinibandnudeln ------------------------------ 124

Einleitung

Low Carb aus dem Dampfgarer

Low Carb ist in aller Munde! Ein Zuviel an Kohlenhydraten steht im Verdacht, für eine Reihe von gesundheitlichen Problemen verantwortlich zu sein. Übergewicht, Diabetes oder Glutenunverträglichkeiten motivieren immer mehr Menschen, ihren Kohlenhydratkonsum einzuschränken und den Anteil an Eiweiß und hochwertigen Fetten im täglichen Speiseplan zu erhöhen.
Um Vitamine und Mineralstoffe so schonend wie möglich zuzubereiten und Farben und Geschmack der Lebensmittel zu erhalten, ist Dampfgaren die Zubereitungsform der Wahl in der modernen Küche geworden.
In diesem Buch kombinieren wir die beiden Ernährungstrends. Fisch, Fleisch, Milchprodukte, Eier und pflanzliche Eiweißquellen wie Hülsenfrüchte und Nüsse werden mit Low-Carb-tauglicher Obst- und Gemüsevielfalt sowie hochwertigen Fetten zu köstlichen, kohlenhydratarmen Gerichten verarbeitet.

Was genau ist Low Carb?

Unter Low Carb werden Ernährungsformen zusammengefasst, denen eine geringe Kohlenhydratzufuhr gemeinsam ist. Zu den empfohlenen Lebensmitteln zählen vor allem Gemüse, Hülsenfrüchte, Nüsse, Milchprodukte, Fleisch, Geflügel, Fisch und Fette.
Die übliche Ernährung in der westlichen Welt besteht heute normalerweise zu rund 50 Prozent aus Kohlenhydraten wie Getreide und Kartoffeln. Low-Carb-Diäten reduzieren diesen Anteil in unterschiedlichem Ausmaß, manche davon sogar gegen null.

Die Idee dahinter

Getreide und Kartoffeln bestehen aus langkettigen Kohlenhydraten. Wird der Körper nicht ausreichend damit versorgt, verändert sich der Stoffwechsel in Richtung Katabolismus. Darunter versteht man einen Stoffwechsel, der abbaut – im Gegensatz zum Anabolismus, einem aufbauenden Stoffwechsel.
Die in den Zellen nötige Energie wird also mittels Fettverbrennung gewonnen. Das bedeutet unter anderem, dass Fettreserven aus der Leber angeknabbert werden und eine Gewichtsreduktion erfolgt.
Gerade zum Abnehmen sind Low-Carb-Diäten daher besonders beliebt.

Glutenunverträglichkeiten, Diabetes & Co

Aber auch als Antwort auf immer häufiger auftretende Krankheiten und Störungen wie Glutenunverträglichkeiten oder Diabetes und deren Vorstufen werden Low-Carb-Diäten immer beliebter. Aufgrund des omnipräsenten Überangebotes an Kohlenhydraten suchen viele Menschen nach Alternativen.

Einleitung

Glykämischer Index (GI)

Der glykämische Index gibt an, wie sich ein Lebensmittel auf den Blutzuckerspiegel auswirkt. Beschrieben wird damit der Anstieg des Blutzuckers beim Konsum von 50 Gramm der Kohlenhydrate, die in diesem Lebensmittel vorkommen. Als Referenzwert von 100 gilt der Anstieg des Blutzuckers bei der Konsumation von 50 Gramm Traubenzucker – Glukose gelangt nämlich am schnellsten ins Blut. Einen niedrigen GI haben zum Beispiel Hülsenfrüchte, Gemüse und Vollkornprodukte – Weißbrot und Cornflakes dagegen haben einen sehr hohen GI.

Je nach Diät werden unterschiedliche Grenzwerte als gesund angesehen. Der glykämische Index spielt bei vielen Low-Carb-Diäten bzw. Low-Carb-Ernährungsformen eine zentrale Rolle.

Eine gängige Einteilungen für den glykämischen Index lautet:
niedrig: unter 55
mittel: 56 bis 69
hoch: über 70

Kritisiert wird diese Einteilung aber wegen ihrer unpraktischen Anwendung. Es wird nämlich nicht die Wirkung von 50 Gramm eines Lebensmittels gemessen, sondern von 50 Gramm der in einem Lebensmittel enthaltenen Kohlenhydrate. Zudem wird nicht berücksichtigt, wie sich die verzehrten Lebensmittel gegenseitig beeinflussen. Auch die Zubereitungsform wirkt sich auf den GI aus.

Bessere Kritiken zur Orientierung werden dem Begriff der glykämischen Last zugeschrieben.

Einleitung

Glykämische Last (GL)

Die glykämische Last ist eine Erweiterung des glykämischen Index und berücksichtigt auch die Kohlenhydratdichte eines Lebensmittels und somit den Gesamtkohlenhydratgehalt.

Die Berechnungsformel lautet:

$$\frac{\text{Glykämischer Index} \times \text{Gramm Kohlenhydrate pro Portion eines Lebensmittels}}{100}$$

Die zugeführte Kohlenhydratmenge spielt hier eine wesentliche Rolle – der errechnete Wert ist somit aussagekräftiger als der GI. Ein Beispiel: Der glykämische Index von Karotten und Weißbrot liegt nicht so weit auseinander, die glykämische Last von Weißbrot hingegen ist deutlich höher als jene von Karotten.

Eine gängige Einteilung für die glykämische Last lautet:
niedrig: unter 10
mittel: 10 bis 19
hoch: über 20

Die Menge macht es aus

Was gerade anhand der Tabellen zur glykämischen Last sehr gut ersichtlich wird, ist wieder einmal die Tatsache, dass „die Dosis das Gift macht". Ein kleines Stück Schokolade, ein Esslöffel Zucker oder eine Scheibe Vollkornroggenbrot sind noch kein Problem. Wenn wir aber die GL von jeweils 100 Gramm der verschiedenen Lebensmittel miteinander vergleichen, sehen wir rasch, welche davon unseren Blutzuckerspiegel in die Höhe treiben, wenn wir mehr davon essen.

Einleitung

Geschichtliches zu Low Carb & Co

Der Engländer William Banting gilt als Vater der Low-Carb-Bewegung: Bereits im 19. Jahrhundert löste er mit seiner Schrift „Letter on Corpulence" eine erste Diätwelle in Europa aus. Die von ihm beschriebene Diät hatte ihm sein Arzt empfohlen, sie war extrem fleischbetont. Auch der deutsche Arzt Wilhelm Ebstein setzte bereits im 19. Jahrhundert auf eine Diät, die sich vorrangig auf Fleisch und Fett stützte.

Lutz-Diät

Das 1967 veröffentlichte Buch des österreichischen Arztes Wolfgang Lutz „Leben ohne Brot" wurde zuerst wenig beachtet, konnte sich aber über die Jahrzehnte zu einem Bestseller entwickeln. Lutz' Hauptaugenmerk galt weniger dem Abnehmen als dem allgemeinen gesundheitlichen Benefit „seiner" Ernährungsform und ihrem Einsatz als Therapie bei chronischen Erkrankungen – bei Morbus Crohn, Colitis Ulcerosa, Magenerkrankungen, metabolischem Syndrom, Gicht und Erschöpfungszuständen etc. Ähnlich wie die Vertreter der populären Steinzeiternährung postulierte Lutz, dass dem modernen Menschen eine Ernährung mit hochkalorischen Kohlenhydraten nicht zuträglich sei. Er empfahl hingegen eine eiweiß- und fettreiche Nahrung. Die Kohlenhydratzufuhr beschränkte er in seinen Empfehlungen auf sechs Broteinheiten (eine Broteinheit entspricht zwölf Gramm Kohlenhydraten) bzw. 72 Gramm pro Tag, Menschen mit Vorerkrankungen und alten Menschen empfahl er maximal neun Broteinheiten bzw. 108 Gramm.

Einleitung

Tabelle – Beispiele glykämischer Index und glykämische Last

Lebensmittel – wenn nicht anders angegeben 100 g	Kohlenhydrate	Eiweiß	Glykämischer Index	Glykämische Last
Fleisch und Geflügel				
Geselchtes vom Schwein	0	32 g	niedrig	niedrig
Kalbfleisch mager	0	30 g	niedrig	niedrig
Kochfleisch vom Rind mittelfett	0	20 g	niedrig	niedrig
Rind faschiert	0	20 g	niedrig	niedrig
Hühnerbrust	0	24 g	niedrig	niedrig
Ente	0	18 g	niedrig	niedrig
Fisch				
Bachsaibling	0	19 g	niedrig	niedrig
Forelle	0	21 g	niedrig	niedrig
Lachs	0	18 g	niedrig	niedrig
Miesmuscheln	4 g	10 g	niedrig	niedrig
Milchprodukte				
Buttermilch 1% Fett	4 g	3 g	niedrig	niedrig
Extra-Vollmilch 4,6% Fett	5 g	3 g	niedrig	niedrig
Joghurt 3,6% Fett	5 g	4 g	36	2
Saure Sahne 15% Fett (Sauerrahm)	3 g	3 g	niedrig	niedrig
Schlagsahne (Schlagobers) 30%	3 g	3 g	niedrig	niedrig
Quark (Topfen) 20% F.i.T.	4 g	11 g	niedrig	niedrig
Bergkäse 50% F.i.T.	3 g	28 g	niedrig	niedrig
Blauschimmelkäse	1 g	22 g	niedrig	niedrig
Mozzarella	0	19 g	niedrig	niedrig
Feta	0	17 g	niedrig	niedrig
Parmesan	0	34 g	niedrig	niedrig
Pflanzenmilch-Produkte				
Sojamilch ungesüßt	Spuren	4 g	niedrig	niedrig
Dinkelmilch ungesüßt	7 g	1 g	niedrig	niedrig
Reismilch ungesüßt	4 g	Spuren	niedrig	niedrig
Fleischersatz				
Tofu	Spuren	11 g	niedrig	niedrig

Lebensmittel – wenn nicht anders angegeben 100 g	Kohlenhydrate	Eiweiß	Glykämischer Index	Glykämische Last
Eier				
Hühnerei (1 Stück à 60 g)	Spuren	8 g	niedrig	niedrig
Fette				
Butter	Spuren	Spuren	niedrig	niedrig
Olivenöl	Spuren	0	niedrig	niedrig
Sonnenblumenöl	0	0	niedrig	niedrig
Walnussöl	0	0	niedrig	niedrig
Mayonnaise 50% Fett	4 g	Spuren	niedrig	niedrig
Obst				
Apfel	11 g	Spuren	38	4
Birne	12 g	Spuren	38	4
Himbeeren	5 g	1 g	42	2
Heidelbeere	7 g	Spuren	42	3
Kirschen	13 g	Spuren	22	3
Banane	14 g	Spuren	52	7
Granatapfel	6 g	Spuren	33	2
Marille (Aprikose)	8 g	Spuren	57	4
Wassermelone	4 g	Spuren	72	3
Orange	7 g	Spuren	42	3
Zitrone	5 g	Spuren	12	1
Gemüse				
Artischocke	1 g	1 g	15	0
Avocado	Spuren	1 g	niedrig	niedrig
Brokkoli	2 g	2 g	15	0
Fenchel	3 g	2 g	16	0
Gurke	1 g	Spuren	15	0
Karfiol	2 g	2 g		0
Karotten	4 g	Spuren	16	1
Kohlrabi	2 g	1 g	15	0
Kartoffel gekocht	15 g	2 g	65	10
Spargel	1 g	1 g	18	0
Spinat	Spuren	2 g	niedrig	niedrig
Weißkraut	3 g	1 g	niedrig	niedrig
Okras	2 g	2 g	niedrig	niedrig
Paprika rot	6 g	1 g	15	1
Zwiebel	5 g	1 g	11	1

Einleitung

Tabelle – Beispiele glykämischer Index und glykämische Last

Lebensmittel – wenn nicht anders angegeben 100 g	Kohlenhydrate	Eiweiß	Glykämischer Index	Glykämische Last
Hülsenfrüchte				
Erbsen getrocknet und gekocht	16 g	9 g	22	3
Kichererbsen gekocht	14 g	7 g	28	4
Linsen gekocht	18 g	9 g	29	5
Zuckererbsen	4 g	2 g	niedrig	niedrig
Getreide				
Buchweizen gekocht	22 g	3 g	54	12
Haferflocken	63 g	13 g	55	35
Maisgrieß (Polenta)	74 g	9 g	mittel	hoch
Reis geschält, gekocht	21 g	2 g	64	13
Reis ungeschält, gekocht	23 g	3 g	55	13
Roggen-Vollkornmehl	60 g	9 g	mittel	hoch
Weizenmehl Type 1050	67 g	11 g	hoch	hoch
Weizen-Vollkornmehl	60 g	11 g	mittel	hoch
Brot und Gebäck				
Baguette	51 g	8 g	95	49
1 Scheibe (10 g) Knäckebrot	7 g	1 g	35	3
100 g Knäckebrot	73 g	11 g	35	25
Kornweckerl mit Sonnenblumenkernen	42 g	9 g	hoch	hoch
Semmel	51 g	8 g	95	49
1 Scheibe (40 g) Weizen-Vollkornbrot	17 g	3 g	71	12
100 g Weizen-Vollkornbrot	41 g	8 g	71	29
Teigwaren				
100 g Spaghetti gekocht	24 g	4 g	40	10
1 Portion (210 g) Spaghetti gekocht	51 g	9 g	40	21
100 g Vollkornteigwaren ohne Eier gekocht	26 g	6 g	37	10
1 Portion (210 g) Vollkornteigwaren ohne Eier gekocht	55 g	12 g	37	20

Einleitung

Lebensmittel – wenn nicht anders angegeben 100 g	Kohlenhydrate	Eiweiß	Glykämischer Index	Glykämische Last
Samen und Nüsse				
Erdnuss ohne Schale	8 g	25	14	1
Kürbiskerne	14 g	24 g	niedrig	niedrig
Kokosnuss	5 g	4 g	niedrig	niedrig
Leinsamen	0	24 g	niedrig	niedrig
Mandel	4 g	19 g	niedrig	niedrig
Walnuss	11 g	14 g	niedrig	niedrig
Süßigkeiten				
1 Rippe (16,7 g) Bitterschokolade	8 g	2 g	niedrig	niedrig
100 g Bitterschokolade	46 g	11 g	niedrig	hoch
1 EL (15 g) Zucker weiß	15 g	0	68	10
100 g Zucker weiß	100 g	0	68	68
1 EL (15 g) brauner Rohzucker	15 g	0	68	10
100 g brauner Rohzucker	97 g	0	68	66
1 EL (15 g) Honig	11 g	Spuren	55	6
100 g Honig	75 g	Spuren	55	41
1 Rippe (16,7 g) Milchschokolade	9 g	2 g	43	4
100 g Milchschokolade	54 g	9 g	43	23

Quelle: Die Diabetes-Fibel, Ingrid Kiefer und Michael Kunze, Kneipp Verlag

Einleitung

Atkins-Diät

Die in den 1970er-Jahren entstandene Atkins-Diät orientiert sich ebenfalls an einer massiven Reduktion von Kohlenhydraten. Fette und Eiweiße sind auch hier die vorherrschenden Diätelemente. Die Zufuhr von Kohlenhydraten wird in der Einstiegsphase auf fünf Gramm pro Tag beschränkt, später auf bis zu 20 Gramm pro Tag angehoben.

Die Diät besteht aus vier Phasen, zu Beginn stehen Nahrungsumstellung und Fettabbau im Mittelpunkt. In der letzten Phase, auch lebenslange Erhaltungsdiät genannt, sind Teigwaren und Kartoffeln nur in Ausnahmefällen erlaubt, viel Gemüse, Fisch und Obst stehen auf dem Speiseplan. Regelmäßiger Sport wird ebenso empfohlen wie die Konsumation von Nahrungsergänzungsmitteln, Vitaminen und Mineralstoffen.

Dukan-Diät

Die Dukan-Diät wurde vom französischen Ernährungswissenschaftler Pierre Dukan in den 1970er-Jahren entwickelt. Auch hier werden Kohlenhydrate reduziert, Fett und Eiweiß hingegen in größeren Mengen verzehrt. Die Diät ist in vier Phasen eingeteilt. In der Anfangsphase, die zehn Tage dauert, soll vor allem rasch Gewicht verloren werden. Das wird durch viel mageres Eiweiß und täglich anderthalb Löffel Haferkleie erreicht. In der zweiten Phase sind 72 eiweißreiche Lebensmittel und 28 Gemüsesorten erlaubt. Reine Eiweißtage und Eiweiß-Gemüse-Tage wechseln einander ab, dazu werden jeden Tag zwei Esslöffel Haferkleie gegessen. In der dritten Phase, der sogenannten Stabilisierungsphase, gibt es dann jeden Tag zweieinhalb Esslöffel Haferkleie und zusätzlich zu den bereits erlaubten Lebensmitteln zwei Scheiben Vollkornbrot, 40 Gramm Hartkäse und ein Stück Obst. In der letzten Phase, der Erhaltungsphase, sind wieder alle Lebensmittel erlaubt, allerdings soll einmal wöchentlich ein reiner Proteintag eingelegt werden, um das Gewicht dauerhaft zu stabilisieren.

Einleitung

Montignac-Methode

Erfinder dieser Methode, die in den 1980er-Jahren ihren Ausgang nahm, war ein gewisser Michel Montignac – er bekämpfte sein Übergewicht mit einer kohlenhydratreduzierten Zwei-Phasen-Diät. In Phase eins wird das Gewicht reduziert, indem nur Lebensmittel mit niedrigem glykämischem Index, kombiniert mit Fett und Eiweiß, gegessen werden, in der zweiten Phase darf der glykämische Index kohlenhydrathaltiger Speisen dann etwas höher liegen. Als besonders zu vermeidende Kohlenhydrate gelten bei Montignac Zucker, Mais, Kartoffeln, weißer Reis mit Ausnahme von Wildreis und Basmatireis, Weißmehlprodukte, gekochte Karotten und Bier.

Besonderes Augenmerk wird bei dieser Methode auch auf die Kombination von Lebensmitteln gelegt: Fett und Ballaststoffe sollen den glykämischen Index herabsetzen. Dementsprechend wirken manche Kombinationen besser und andere schlechter. Auch auf die Zubereitungsmethode wird geachtet.

LOGI

LOGI steht für „Low Glycemic and Insulinemic" – diese Methode stellt somit eine Diät dar, bei der Blutzuckerspiegel und Insulinausschüttung niedrig gehalten werden sollen. Ihre Anhänger wollen neben einer Gewichtsabnahme bzw. Gewichtsstabilität auch andere gesundheitliche Ziele erreichen, zum Beispiel die Senkung der Blutfettwerte. Im Gegensatz zu anderen Low-Carb-Diäten muss bei LOGI nicht gänzlich auf Kohlenhydrate verzichtet werden, ein maßvoller Umgang damit wird aber empfohlen.

Der Ursprung der Methode stammt aus einer Ambulanz für übergewichtige Jugendliche in Amerika bzw. aus den Ernährungsvorschlägen David Ludwigs von der Medizinischen Fakultät der Harvard Universität. Der deutsche Ernährungswissenschaftler Nicolai Worm hat diese Inhalte aufgenommen, weiterentwickelt und schließlich 2003 in einem Buch veröffentlicht, das zum Welterfolg wurde. Worm geht ab von der glykämischen Last, die seiner Meinung nach zu kurz greift, und prägt den Begriff „Low Glycemic and Insulinemic". Angelehnt an die klassische Ernährungspyramide entwickelt er seine eigene Pyramide, an deren Basis reichlich Gemüse, Obst und hochwertige Fette stehen, gefolgt auf Stufe zwei von Eiern, Milchprodukten, Fleisch, Geflügel und Fisch (also stark eiweißhaltigen Lebensmitteln) und erst auf Stufe drei von Kohlenhydraten aus Getreide. An der Spitze der Pyramide stehen Süßigkeiten, Weißmehlprodukte und dergleichen. Worm empfiehlt, dass rund 45 Prozent unseres Energiebedarfs aus Fetten und rund 25 Prozent aus Eiweiß stammen sollten. Einige Studien attestieren dieser Methode sehr gute Erfolge bei der Gewichtsreduktion sowie bei Diabetes.

Metabolic Balance

Diese Diätform wurde von Wolf Funfack und Silvia Bürkle entwickelt und von der Metabolic Balance GmbH & Co. KG in Form eines Lizenzsystems vertrieben und verbreitet – was sich als sehr erfolgreiches Geschäftsmodell erwies. Die Ernährungsempfehlungen werden anhand eines Bluttests und persönlicher Daten der Klient/innen von einem firmeninternen Computerprogramm individuell erstellt, welche Kriterien dafür herangezogen werden, ist im Detail allerdings nicht bekannt (man orientiert sich weitgehend an Low-Carb-Richtlinien, auch hier gilt es also, den Kohlenhydratkonsum einzuschränken).

Einleitung

Glyx-Diät

Die Glyx-Diät wurde von der Ökotrophologin Marion Grillparzer in Anlehnung an den glykämischen Index entwickelt, der auch Hauptfokus bei der Lebensmittelauswahl ist. Anhänger der Diät setzen auf eine ballaststoffreiche Kost mit wertvollen Fetten sowie vielen Vitaminen und ausreichend Flüssigkeit.

Steinzeit-Ernährung

Die Steinzeit-Ernährung oder Paläo-Diät beruft sich auf evolutionäre Hintergründe und orientiert sich an der Nahrungsaufnahme in der Altsteinzeit, als noch kaum Ackerbau und Viehzucht betrieben wurden. Auf dem Speiseplan stehen hauptsächlich Fleisch und Fisch, Obst und Gemüse, Nüsse und Samen, Kräuter und Honig. Erlaubt sind auch Insekten, die eine hochwertige Proteinquelle darstellen und in manchen Kulturkreisen seit jeher einen fixen Platz am Speiseplan haben (aber nicht von allen Paläo-Befürwortern gegessen werden). Hochglykämische getrocknete Obstsorten wie Datteln oder Feigen sind ebenfalls unbegrenzt erlaubt. Gemieden werden hingegen Milchprodukte, Getreide (zum Beispiel Brot) und sämtliche industriell hergestellten Lebensmittel wie Zucker, alkoholische Getränke und Fertiggerichte. Der Großteil der bevorzugten Lebensmittel – mit Ausnahme mancher getrockneter Obstsorten – weist einen geringen bis keinen Kohlenhydratgehalt auf, die Steinzeit-Ernährung kann also unter Low Carb subsumiert werden.

Einleitung

Kritik an Low Carb bzw. worauf bei diesem Thema zu achten ist

Wie bei allen Denkmodellen, Systemen und Theorien gibt es Befürworter/innen ebenso wie Kritiker/innen und Gegner/innen – so auch bei den diversen Low-Carb-Diäten. Befürworter/innen wie Kritiker/innen beweisen jeweils durch unterschiedlich angelegte wissenschaftliche Studien ihre Positionen …
So mancher Kritikpunkt kann aber bei einem bewussten Umgang weitgehend ausgeräumt werden – wie zum Beispiel der folgende.

Achtung vor zu hohem Fleischkonsum!

Häufig verstehen Anwender/innen Low-Carb-Empfehlungen fälschlicherweise vor allem als Aufforderung, möglichst viel Fleisch zu konsumieren. Obwohl viele der Diäten ausdrücklich großen Wert auf ausreichend frisches Gemüse, Obst, Hülsenfrüchte, Nüsse und Samen legen, wird die Diätform in der Praxis gerne zum Anlass genommen, den ohnehin hohen Fleischkonsum noch zu erhöhen. Sowohl aus ethischen, ökologischen und wirtschaftlichen, aber auch aus gesundheitlichen Überlegungen soll hier ausdrücklich davor gewarnt werden, seinen Eiweißbedarf einzig über große Mengen Fleisch zu decken. Zudem sollte bei der Fleischauswahl hochwertigem Bio-Fleisch unbedingt der Vorzug gegenüber jenem aus konventioneller Massentierhaltung gegeben werden.

Einleitung

Grünes Eiweiß als Alternative

Viele pflanzliche Lebensmittel wie Hülsenfrüchte, Nüsse, Samen, Kerne oder Pilze sind sehr eiweißreich und mit einer geringen glykämischen Last ausgestattet. Daher sind diese Rohstoffe in der Low-Carb-Küche auch als gesunde Alternative zu Fleisch sehr willkommen.

Hülsenfrüchte

Eine der wertvollsten Quellen von pflanzlichem Eiweiß sind Hülsenfrüchte. Man erzielt damit große Erträge auf kleinen Anbauflächen – Hülsenfrüchte sind daher auch wirtschaftlich interessant. Sie weisen eine niedrige glykämische Last auf, ihr großer Ballaststoffanteil macht sie besonders gesund für Verdauung und Stoffwechsel. Regelmäßig Hülsenfrüchte in den Speiseplan zu integrieren, ist sowohl gegen Diabetes mellitus als auch gegen Übergewicht eine gute Vorsorge.

Bohnen

Bohnen sind runde, nierenförmige oder längliche Samen verschiedener Hülsenfrüchte. Fallweise werden diese auch vor ihrer Ausreifung zu Samen gegessen, als sogenannte grüne Bohnen oder Fisolen, wie sie in Österreich auch bezeichnet werden. Der Eiweißgehalt der ausgereiften Samen ist jedoch um ein Vielfaches höher als jener des grünen Gemüses.

Bohnen sind sehr nahrhaft – nach dem Genuss eines Bohnengerichtes hat wohl kaum jemand noch Hunger. Bohnen haben einen enorm hohen Eiweißgehalt – im Schnitt liegt er zwischen 20 und 25 Prozent. Das schwankt je nach Sorte, die Sojabohne hat sogar rund 50 Prozent.

Glykämische Last und glykämischer Index sind niedrig.
Bohnen sind ein guter Folsäurelieferant, was unter anderem für ein gesundes Blutbild sorgt. Zudem zählen sie zu den besten pflanzlichen Eisenlieferanten und sind eine wertvolle Quelle für Niacin und Pantothensäure, was unserer Haut einen guten Dienst erweisen kann.

Der regelmäßige Konsum von Bohnen kann helfen, den Cholesterinspiegel zu reduzieren. Auch Darmerkrankungen und Verstopfung kann damit vorgebeugt werden. Der geringe Natrium- und hohe Kaliumgehalt macht Bohnen zu einem wertvollen Lebensmittel für Menschen mit Bluthochdruck.

Achtung!
Bohnen dürfen nicht roh gegessen werden, da sie reichlich die Stickstoffverbindung Phasin enthalten. Phasin kann Vergiftungserscheinungen auslösen. Durch das Kochen (bzw. Dämpfen) der Bohnen wird es allerdings zerstört – der Verzehr von gegarten Bohnen ist natürlich völlig unbedenklich.

Einleitung

Hilfreiche Kräuter und Gewürze zum Verdauen

Um die blähende Wirkung von Hülsenfrüchten zu dezimieren, können wir mit Gewürzen gegensteuern. Gewürze und Kräuter haben verdauungsfördernde Eigenschaften und bringen vor allem auch einen kulinarischen Mehrwert in Ihre Gerichte. Gut und unterstützend wirken hier Anis, Ingwer, Kümmel, Kreuzkümmel, Pfefferminze, Fenchel, Bohnenkraut, Lorbeer, Senfsamen, Rosmarin, Koriander, Kurkuma, Thymian, Muskat, Pfeffer und Zimt.

Tipps zur Zubereitung von Hülsenfrüchten

• Hülsenfrüchte als Vorrat
Getrocknete Hülsenfrüchte können lange gelagert werden und eignen sich daher gut zur Vorratshaltung. Wenn Sie ein bisschen vorplanen, können Sie die wertvollen Eiweißlieferanten gerade im Dampfgarer einfach nebenbei zubereiten bzw. auch gleich für mehrere Tage vorbereiten. Um an hektischen Arbeitstagen schon vorgegarte Bohnen oder Kichererbsen einsetzen zu können, ist es empfehlenswert, immer wieder größere Mengen zu dämpfen und im Dämpfwasser im Kühlschrank einige Tage aufzubewahren. Dies ist eine gute und gesunde Alternative zur Dosenware. Wenn Sie den Dampfgarer auch zum Einkochen verwenden, können sie Ihre eigenen gegarten Hülsenfrüchte gleich heiß in ein Schraubglas füllen: Sobald das Glas abkühlt, entsteht ein Vakuum, das Ihr Eingemachtes luftdicht verschließt und für einige Zeit haltbar macht.

• Hülsenfrüchte quellen auf
Die meisten getrockneten Hülsenfrüchte sollten Sie einige Stunden in Wasser einweichen (am besten über Nacht), so sind sie besser verträglich und die Garzeiten verringern sich. Das Einweichwasser sollten Sie, wie oben erwähnt, vor dem Garen abgießen und gegen frisches Wasser wechseln. Wenn Sie getrocknete Hülsenfrüchte einweichen, saugen sich diese mit Wasser voll und nehmen an Volumen zu. Achten Sie daher beim Einweichen und auch beim Dämpfen darauf, dass Einweichgefäß bzw. Garbehälter groß genug sind und alles auch im aufgequollenen Zustand Platz hat.

• Kochzeiten und Wassermengen variieren
Garzeiten und benötigte Wassermengen variieren beim Kochen von Hülsenfrüchten – je nachdem, wie lange diese gelagert wurden und wie viel Feuchtigkeit in den Samen selbst noch enthalten ist. Die tatsächliche Kochzeit und die benötigte Flüssigkeitsmenge können daher immer wieder von den Anleitungen auf Packungen (und in Rezepten) stark abweichen. Kalkhaltiges Wasser lässt Hülsenfrüchte übrigens wesentlich schlechter gar werden. Auch aus diesem Grund können Dämpfzeiten und Wassermengen unterschiedlich sein. Ich empfehle Ihnen, bei der Zubereitung von Hülsenfrüchten zwischendurch immer wieder zu probieren und nötigenfalls die Wassermengen wie die Dämpfzeiten anzupassen, zum Beispiel wenn Sie feststellen, dass die Hülsenfrüchte nach der angegebenen Dämpfzeit noch nicht gar sind. Nicht fertig gegarte Hülsenfrüchte sollten Sie nicht verzehren. Sie sind schwer verdaulich und können Blähungen und Bauchschmerzen verursachen.

• Salzen
Hülsenfrüchte sollten erst gesalzen werden, wenn sie weich sind. Bedenken Sie, dass auch in fertig gekaufter Suppenwürze reichlich Salz enthalten ist.

Einleitung

Nüsse, Kerne, Samen und ihre Öle

Eine Reihe von Nüssen und Samen weist einen enorm hohen Eiweißgehalt und generell eine hohe Nährstoffdichte sowie eine niedrige glykämische Last auf. Daher sind diese Lebensmittel auch in der Low-Carb-Küche gerne gesehen. Viele gelten sogar als „Superfood" und sollten möglichst oft in Mahlzeiten eingebaut werden. Da in den Samen die geballte Kraft der zukünftigen Pflanze steckt, ist leicht vorstellbar, dass sie auch unseren Organismus mit jeder Menge Kraft und nährenden Stoffen ausstatten können.

Aber auch die wertvollen Öle der Miniaturkraftwerke sind empfehlenswert. Sie werten unsere Mahlzeiten sowohl kulinarisch wie auch ernährungsphysiologisch auf.

Kürbiskerne und Kürbiskernöl

Kürbiskerne haben rund 24 Prozent Eiweiß und 45 Prozent Fett (davon reichlich ungesättigte Fettsäuren), unter anderem die wertvolle Linolsäure. Sie enthalten viel Vitamin A, B1, B2, B6, C, D und E sowie eine Menge Carotinoide, die unter anderem die Haut vor Sonneneinstrahlung und negativen Umwelteinflüssen schützen können.
Die enthaltenen Phytoöstrogene werden in den Wechseljahren von Frau und Mann gerne zum Einsatz gebracht. Die Inhaltsstoffe der Kürbiskerne wirken einer Prostatavergrößerung entgegen und sollen auch Symptome der Reizblase lindern und vorbeugen können.

Sonnenblumenkerne und Sonnenblumenöl

Sonnenblumenkerne sind die Samen der Sonnenblume, die zur botanischen Familie der Korbblütler zählt. Sie sind ein außerordentlich gesundes Nahrungsmittel, das mit einer erstaunlichen Vielzahl an Inhaltsstoffen aufwarten kann: Sonnenblumenkerne enthalten über 90 Prozent ungesättigte Fettsäuren, zudem die Vitamine A, B, E, Karotin, Kalzium, Jod, Magnesium und Eisen. Eine positive Auswirkung auf den Körper ist mit ihrem Verzehr daher in vielerlei Hinsicht gegeben: Knochen und Zähne werden gestärkt, Muskeln entspannt, der Sauerstofftransport im Blut verbessert, Augen, Haut und Nerven unterstützt, freie Radikale neutralisiert und das Risiko für Herzinfarkt gesenkt.
Auch das Öl der hochwertigen Kerne wird in der gesunden Küche gerne verwendet.

Sonnenblumenkerne haben einen Eiweißgehalt von rund 22 Prozent. Sie können gerieben, gehackt oder im Ganzen zu süßen wie pikanten Speisen verarbeitet werden und liefern mit ihrem mild-nussigen Geschmack auch kulinarisch eine interessante Note in Brot, Gebäck und Kuchen sowie in Salaten, Suppen, Eintöpfen und Aufläufen. Um das Aroma der Kerne zu verstärken, werden diese auch häufig ohne Fett in einer Pfanne trocken geröstet.

Bei der Lagerung von Sonnenblumenkernen sowie von vielen Nüssen und Samen sollten Sie übrigens darauf achten, dass diese aufgrund des hohen Fettgehalts leicht ranzig werden. Verschließen Sie Nüsse und Kerne daher luftdicht und lagern Sie sie an einem kühlen, dunklen Ort.

Einleitung

Hanfsamen und Hanföl

Hanfsamen sind die aromatischen und gesunden Samen des Nutzhanfs (daraus lässt sich aufgrund des geringen THC-Gehaltes kein Marihuana bzw. Haschisch gewinnen). Nutzhanf enthält jede Menge Antioxidantien, Vitamin E und B-Vitamine. Besonders das wertvolle Vitamin B2 (Riboflavin) ist in großen Mengen enthalten. Es ist für diverse Stoffwechselvorgänge enorm wichtig und kann unter anderem Migräne vorbeugen. Zudem haben Hanfsamen einen sehr hohen Anteil an hochwertigem Eiweiß, das alle essenziellen Aminosäuren enthält. Der Eiweißgehalt von Hanfsamen liegt bei rund 20 Prozent.

Besonders erwähnenswert ist auch das optimale Verhältnis von Omega-3- zu Omega-6-Fettsäuren. Der Genuss von Hanfsamen beugt somit Herz-Kreislauf-Erkrankungen, chronischen Entzündungen und Nervenleiden vor.

Hanfsamen können geschält, ungeschält oder auch geröstet einen interessanten kulinarischen Akzent in Müslis, als Salatzugabe und in Gemüsegerichten darstellen. Kombiniert mit dem herrlich aromatischen Hanfsamenöl machen Hanfsamen jeden Salat und jedes Gemüsegericht zu einer besonderen Delikatesse.

Cashewkerne

Cashewkerne oder Cashewnüsse werden die Früchte des sogenannten Kaschubaumes oder auch Nierenbaumes genannt. Dieser wächst in den Tropen, und seine Früchte liefern wertvolle und gesundheitsfördernde Inhaltsstoffe wie unter anderem Magnesium, Eisen, Kupfer, Niacin, Folsäure oder Selen. Zudem sind Cashewkerne ein bemerkenswerter Lieferant von Tryptophan – einem Stoff, der zur Produktion von Serotonin nötig ist. Serotonin kann unter anderem gemeinsam mit Vitamin B6 gegen Depressionen und Burnout helfen. Der Eiweißgehalt von Cashewkernen liegt bei rund 15 Prozent.

Einleitung

Sesam und Sesamöl

Sesam wächst in den Tropen und Subtropen und kommt ursprünglich aus Afrika und Indien. Er zählt zu den ältesten Ölpflanzen der Welt. Seine Samen sind schwarz oder braun und in geschälter Form auch cremefarben oder weiß. Der feine Geschmack ist süßlich und nussig.

In der Traditionellen Chinesischen Medizin wird vor allem auch der schwarze Sesam gerne zum Einsatz gebracht, um unsere Nieren- und Leberenergie zu stärken. Aber auch aus westlicher Sicht hat Sesam viel zu bieten: Folsäure sorgt für ausgeglichene Stimmung, Dimethylglycine regen den Geist an und lindern Kopfschmerzen, Vitamin B3 nährt unsere Nerven, Vitamin E sorgt für Fruchtbarkeit und bindet freie Radikale und ein hoher Kalziumgehalt wirkt sich positiv auf Zähne und Knochen aus. Sesam hat einen Eiweißgehalt von rund 17 Prozent.

Der ölhaltige Samen wird gerne zu Sesamöl verarbeitet, das einen ganz besonderen kulinarischen Wert hat. Die zerstoßenen Samen lassen sich in einer kreativen Küche auch sehr gut zum Würzen von Salaten und Gemüse verwenden. Die im türkischen Lebensmittelhandel erhältliche Sesampaste „Tahini" ist für Saucen, Suppen und Aufstriche gut geeignet.

Wertvolle Fette bevorzugen

Low-Carb-Diäten wird gerne die Verwendung von zu viel Fett vorgeworfen. Dieser Vorwurf greift dann zu kurz, wenn nicht zwischen wertvollen und ungesunden Fetten unterschieden wird.
Fette haben eine Reihe von wichtigen Eigenschaften für unseren Stoffwechsel. So benötigen beispielsweise die fettlöslichen Vitamine (also Vitamin A, D, E und K) Fett, um vom Körper überhaupt aufgenommen werden zu können.

Zudem ist Fett ein Geschmacksträger und Sattmacher, der für das Funktionieren unseres Gehirns von großer Bedeutung ist und Schwankungen unseres Blutzuckerspiegels verringert.
Fette sind unterscheidbar in gesättigte und ungesättigte Fettsäuren, wobei es gerade die ungesättigten Fettsäuren sind, die unserer Gesundheit besonders zuträglich sein können.

Omega 3 und Omega 6

Als besonders wertvoll werden die sogenannten Omega-3-Fettsäuren hervorgehoben. Sie sind in fetten Fischen, in Fischöl sowie in Raps, Leinsamen, Soja, Hanfsamen und Walnüssen enthalten. Omega 6 finden wir unter anderem in Eiern, Fleisch, Milchprodukten, Sonnenblumen- und Kürbiskernen.
Vor allem auf das richtige Mengenverhältnis zwischen Omega 3 und Omega 6 wird häufig hingewiesen, dieses sollte laut einer Vielzahl an Ernährungsexpert/innen circa 1:4 bis 1:5 betragen.

Einleitung

Einleitung

Warum nun Low Carb mit der Methode des Dampfgarens kombinieren?

Fernöstlicher Beginn ...

Die Tradition des Dampfgarens ist viele tausend Jahre alt und stammt ursprünglich aus dem alten China. Im Reich der Mitte ist die gesunde Zubereitung von Speisen seit jeher ein wesentlicher Bestandteil des kulinarischen Lebens sowie der ganzheitlichen Medizin. Bereits rund 200 v. Chr. waren in China Dampftöpfe im Einsatz. Über Japan und Indien kam die Methode des schonenden Garens über Wasserdampf schließlich auch nach Europa.

Aber auch hierzulande haben sich Köch/innen und Hausfrauen seit Urzeiten der Methode des Dämpfens bedient. Denken wir nur daran, dass es beim Brotbacken üblich ist, eine Schale Wasser in den vorgeheizten Backofen zu schieben, um Wasserdampfschwaden zu erzeugen, damit das Brot saftig und locker wird und eine glänzende Kruste erhält. „Industriell" aufgegriffen wurde das Thema in Europa erstmals 1681 von einem französischen Physiker namens Denis Papin, der den ersten Dampftopf mit Sicherheitsventil erfand. 1927 kam der erste Schnellkochtopf mit Druck-Dampf-System auf den Markt – es sollte aber noch bis in die 60er- und 70er-Jahre dauern, bis daraus ein regelrechter Boom entstand.

In den 70er-Jahren wurden schließlich Dampfgargeräte für die Gastronomie entwickelt. Sie wurden in Folge modernisiert und für den privaten Haushalt adaptiert, sodass wir heute eine Vielzahl an zeitgemäßen und einfach bedienbaren Einbau- und Standgeräten in heimischen Küchen vorfinden.

Gerätevielfalt

Dämpfen ist mit verschiedenen Geräten möglich: einfachen Bambuskörben, die in einem Topf mit Wasser übereinandergestapelt werden, Gitterdampfeinsätzen für Kochtöpfe, oben erwähnten Druckkochtöpfen oder hochmodernen Kombi-Dampfgarern, die die Methode des Dämpfens mit Heißluft oder Grillfunktion kombinieren können. Je ausgeklügelter die Systeme sind, umso vielfältiger und differenzierter ist ihr möglicher Einsatzbereich in der Küche.

Sämtliche Rezepte des vorliegenden Kochbuchs wurden mit einem Miele-Combi-Dampfgarer zubereitet. Dampfgarer von Miele gehören sicherlich zu den technisch ausgereiftesten und qualitativ hochwertigsten Geräten, mit denen Sie in der

Einleitung

Küche die Methode des Dämpfens zum Einsatz bringen können. Die Rezepte in diesem Buch können Sie allerdings auch mit einfacheren Geräten nachkochen.

Die Garzeiten können je nach Gerät variieren – bitte beachten Sie das, wenn Sie mit anderen Geräten arbeiten. Aber auch Grundzutaten reagieren nicht immer gleich. Fleisch und vor allem Hülsenfrüchte können je nach Qualität, Sorte und Alter geringfügige Unterschiede bei den Garzeiten aufweisen.

Zeit sparen durch Dampfgaren

Das kostbarste Gut unserer Tage ist Zeit. Wir haben alle viel zu wenig davon. Dort, wo wir also Zeit sparen können, erhalten wir freie Ressourcen – hoffentlich für uns selbst bzw. für unsere Familie und Freund/innen. Das Kochen mit Dampfgargeräten kann uns einiges dieser kostbaren Zeit sparen helfen. Zum einen ermöglicht uns die schonende Zubereitungsart, bei der nichts anbrennen kann und nicht umgerührt werden muss, während der Zeit des Garprozesses andere Dinge zu tun. Zum anderen können wir mit dem Prinzip „Menügaren" Kochprozesse, die sonst hintereinander stattfinden, gleichzeitig erledigen. Im modernen Dampfgargerät gibt es keine Übertragung von Geschmäckern und Gerüchen. Sie können also ein gesamtes Menü wie Suppe, Fisch und Soufflé gleichzeitig zubereiten.

Vielfalt beim Kochen

Wie bei der Auswahl der Lebensmittel sollten Sie auch bei der Auswahl der Kochmethode Vielfalt walten lassen. Dampfgaren können Sie zum Beispiel mit anderen Garmethoden kombinieren. So können Sie etwa Fleisch, Fisch oder Geflügel vor

Einleitung

dem Dämpfen in der Pfanne anbraten, um die sogenannte Maillardreaktion, also den Rösteffekt, zu erhalten. Weiters können Sie die Heißluft- bzw. Grillfunktion in Kombination mit dem Dampfgarer zum Einsatz bringen. Fleisch wird besonders saftig, wenn sie es vor dem Braten oder Grillen im Dampfgarer zubereiten und anschließend im Backofen oder auf dem Grill nur mehr finalisieren. Moderne Kombinationsgeräte wie Kombidampfgarer sind Dampfgarer und Backofen in einem.

Gesund und geschmackvoll

Warum ist nun Dämpfen so gesund und bringt so viel Geschmack? Durch das Garen über heißem Wasserdampf wird unsere Nahrung sehr schonend zubereitet. Vitamine, Mineralstoffe und Spurenelemente bleiben weitgehend erhalten – die Nahrung wird nicht „zu Tode gekocht".

Beim herkömmlichen Kochen in heißem Wasser werden häufig viele wertvolle Bestandteile aus den Nahrungsmitteln herausgelöst und in Folge mit dem Kochwasser abgegossen. Beim Dämpfen bleiben diese Inhaltsstoffe im Gargut und Ihnen somit für eine gesunde Ernährung erhalten.

Die Geschmacksstoffe des Garguts werden durch das Dämpfen zusätzlich hervorgehoben, der Eigengeschmack verstärkt, Farben mitunter sogar intensiviert. Salz, das in unseren Breiten meist in einem ungesunden Übermaß konsumiert wird, kann aufgrund dieser geschmacksverstärkenden Wirkung des Dämpfens wesentlich sparsamer zum Einsatz gebracht werden.

Für die Zubereitung über Dampf ist zudem kein Fett erforderlich, und unser Gargut kann beim Kochprozess nicht anbrennen. Hochwertiges Öl kann daher vorrangig zur kulinarischen Verfeinerung und als Beitrag zu einer ganzheitlichen und gesunden Ernährung gezielt und in überschaubaren Mengen verwendet werden.

Einleitung

Ganzheitliches aus der Traditionellen Chinesischen Medizin

Essen und Medizin sind in China seit vielen Jahrtausenden eng miteinander verbunden. Die Chinesische Ernährungslehre betrachtet vor allem die energetische Qualität der Nahrung. Yin und Yang sind jene Polaritäten, denen energetische Zustände zugeordnet werden. Eine Ausgewogenheit der beiden Energiequalitäten hält uns gesund und im Gleichgewicht. Aktivität, Bewegung, Schnelligkeit und Wärme bzw. Hitze beispielsweise werden unserem männlichen Teil, dem Yang, zugeordnet. Ruhe, Regeneration, Kühlen und der Aufbau von Blut und Säften sind Beispiele für unsere weibliche Energie, das Yin. Die beiden Qualitäten bedingen einander und erschöpfen sich, wenn eines überhandnimmt.

Unser heutiger westlicher Lebenswandel enthält meist zu viele „yangige" Qualitäten – häufig leiden moderne Menschen daher an einem „Yin-Mangel". Schlechte Ernährungsgewohnheiten mit überwürztem, zu scharfem Essen, ein zu hoher Fleisch-, Alkohol- und Nikotinkonsum, Stress, Hektik, Lärm, zu wenig Schlaf, zu wenig Ruhe- und Regenerationsphasen etc. erzeugen einen „hitzigen" Lebenswandel. Dieser trocknet aus chinesischer Sicht unseren Körper regelrecht aus. Blut und Säfte werden eingedickt bzw. „verköchelt", dies führt zu vorzeitigem Altern, schlaffer Haut, Burnout, Gereiztheit, Erschöpfungsdepressionen und einer Reihe klassischer Zivilisationskrankheiten wie Herz-Kreislauf-Erkrankungen, Bluthochdruck und Ähnlichem.

Dämpfen als Ausgleich für einen hitzigen Lebenswandel

Die Chinesische Ernährungslehre empfiehlt uns, bestimmte Lebensmittel therapeutisch einzusetzen bzw. zu vermeiden. Genauso wesentlich wie die Auswahl der Nahrungsmittel ist jedoch auch die Wahl der geeigneten Kochmethode. Um auf Ernährungsebene einem „hitzigen" Lebenswandel entgegenzuwirken, wird von Ernährungsberater/innen nach der Traditionellen Chinesischen Medizin eine saftige Kochmethode empfohlen. Das Dampfgaren ist eine hervorragende Möglichkeit, unserem Körper wieder die nötige Flüssigkeit zuzuführen. Auch der Konsum von Suppen und Eintöpfen ist hier wärmstens zu empfehlen – in modernen Dampfgargeräten kann beides übrigens auch einfach und schnell zubereitet werden.

Die richtigen Grundprodukte

Der Einsatz von gesunden Grundzutaten schafft die Voraussetzung für eine gesunde Ernährung. Wenn wir dabei ein paar Grundregeln beachten, können wir schon nicht mehr so viel falsch machen.

Saisonal und regional

Die Natur bringt zu jeder Jahreszeit Grundzutaten hervor, die unserem Körper zur entsprechenden Zeit guttun. Im Frühling sorgen beispielsweise Bärlauch, Brennnessel und Spargel für die nötige Entschlackung und Reinigung unseres Organis-

Einleitung

mus, im Hochsommer erfrischen und kühlen uns saftige Früchte und Gemüsesorten wie Tomaten, Zucchini und Gurken und im Herbst und Winter wärmen uns Wurzeln, Rüben, Kraut oder Kohlgemüse. Auf das saisonale Angebot zu achten, schont nicht nur unsere Geldbörse, sondern auch Klima und Gesundheit. Tropische Früchte im Winter quer durch die Welt fliegen zu lassen, um sie in unseren Breiten zu genießen, zerstört unsere Umwelt ebenso wie unser körperliches Gleichgewicht.

Kontrolliert biologisch

Wem seine Gesundheit am Herzen liegt, der sollte möglichst „kontrolliert biologische" Zutaten verarbeiten. Hochwertige Lebensmittel, die frei von Spritzmitteln, Kunstdünger, Gentechnik oder Antibiotika sind, versorgen uns mit gesunden und bioaktiven Stoffen und stellen sicher, dass wir unseren Körper nicht mit giftigen Rückständen belasten. Auch der Geschmack unseres Essens verbessert sich, wenn wir in der Küche mit natürlichen und kontrolliert biologischen Grundsubstanzen arbeiten. Biolebensmittel werden nach strengsten Richtlinien beurteilt und die Bezeichnung „bio" oder „aus kontrolliert biologischem Anbau" darf nur verwenden, wer die Auflagen der unabhängigen Prüfstellen einhält.

Ein paar Worte zum Fisch

Wenn wir an Low Carb und Dampfgaren denken, landen wir rasch beim Fisch. Fisch ist ein hochwertiges und proteinreiches Lebensmittel, das sich zur schonenden Zubereitung im Dampfgarer vor allem auch wegen seiner Zartheit anbietet. Sämtliche Ernährungsexpert/innen sind sich

Einleitung

zudem einig, dass Fisch regelmäßig auf unserem Speisezettel stehen sollte.

Wenn wir allerdings nicht nur an unseren persönlichen Genuss denken, sondern auch darauf achten, wie wir mit unserer Umwelt umgehen und was wir unseren Kindern und Enkelkindern in Sachen gesunder Ernährung auf diesem Planeten hinterlassen werden, dann ist es beim Thema Fisch unabdingbar, sich auch einige Gedanken über nachhaltige Fischerei zu machen.

Heimische Fische bevorzugen

Eine umweltverträgliche Auswahl von Fischen bevorzugt in jedem Fall heimische Fische. Dass diese in Bezug auf Transportwege und Frische deutlich besser abschneiden, sagt uns schon ein gesunder Hausverstand. Wer hier aber auch in Sachen Fütterung, Einsatz von Hormonen, Chemikalien und nachhaltiges Wirtschaften sichergehen möchte, hält sich unbedingt an Bio-Kennzeichnungen.

Nachhaltige Fischerei

Meeresfische und -früchte sowie Muscheln sind seit jeher eine wesentliche Nahrungsquelle für den Menschen. Heute ist Meeresfisch für über eine Milliarde Menschen die hauptsächliche Eiweißquelle. Trotz der enormen Wichtigkeit dieser Ressource für die Erdbevölkerung plündern wir die Vorräte und entnehmen weit mehr, als natürlich wieder nachkommen kann.

Große internationale Umweltschutzorganisationen arbeiten seit Jahren mit der Fischerei- und Lebensmittelindustrie zusammen. Sie versuchen neue Wege zu finden, um die Artenvielfalt in unseren Meeren zu erhalten und eine verträgliche und gesunde Nutzung dieser wertvollen Quelle auch in Zukunft sicherzustellen. So sind verschiedene Gütesiegel entstanden, die verantwortungsbewussten Konsument/innen die Chance geben, ihre Fischauswahl umweltverträglich zu gestalten. Eines davon ist das Gütesiegel des Marine Stewardship Council (MSC):

Welche Fische man ohne schlechtes Gewissen kaufen kann, wird auch regelmäßig von den führenden internationalen Umweltschutzorganisationen publiziert. Informieren Sie sich und tragen Sie dazu bei, dass wir uns auch in Zukunft an einem reichhaltig gedeckten Tisch aus dem Meer erfreuen dürfen.

Die richtige Gewichtung

Obst und Gemüse, Hülsenfrüchte, Fleisch und Geflügel in Maßen, regelmäßig Fisch, adäquate Mengen an Nüssen und Kernen sowie hochwertige Fette und Öle bilden die Basis für eine gesunderhaltende und schlankmachende Low-Carb-Küche. Die besten und gesündesten Zutaten nützen allerdings nur wenig, wenn Sie zu viel davon essen! Wie in der Kräuter- und Naturheilkunde gilt auch für die Low-Carb-Küche: Die richtige Dosis macht die Medizin.

Einleitung

Einleitung

Regelmäßig essen macht schlank

Regelmäßig warm zu essen stärkt laut Traditioneller Chinesischer Medizin übrigens unsere „Mitte". Bei uns würde man sagen: unseren Stoffwechsel und Verdauungsapparat – Essen hält also tatsächlich schlank und gesund. Häufige Hungerkuren und unregelmäßiges Essen sorgen leicht für Übergewicht und sind – wenn nicht gezielt und unter fachlicher Aufsicht durchgeführt – meist kontraproduktiv, wenn man Gewicht verlieren will.

Schlank sein heißt nicht …

Wenn wir hier von schlank sprechen, meinen wir übrigens nicht ausgemergelt, dürr und unterernährt. Leider hat sich das Schönheitsideal – vor allem von Frauen – in eine dermaßen krankhafte Richtung entwickelt, dass kaum mehr eine normalgewichtige und gesunde Frau das Gefühl hat, dem Ideal zu entsprechen. Lassen Sie sich von Werbung und Industrie nicht an der Nase herumführen und entwickeln Sie selbst die Sensibilität, zu spüren, was für Sie und Ihren Körper gesund ist und was Ihnen entspricht.

Low-Carb-Dampfgaren als Erweiterung des kulinarischen und ernährungsphysiologischen Horizonts

Sie müssen übrigens weder ihre gesamte Ernährung der Low-Carb-Philosophie widmen, um von diesem Buch profitieren zu können, noch müssen Sie in Zukunft all Ihre Gerichte im Dampfgarer zubereiten. Vielmehr wollen wir Sie mit den nun folgenden Rezepten inspirieren und Ihnen ein Repertoire zur Verfügung stellen, das Ihre Küche und Ihr Essverhalten erweitern kann.
Es hat sich bewährt, gerade am Abend auf große Mengen Kohlenhydrate zu verzichten, wenn man das eine oder andere Kilo loswerden möchte.
Viele der Gerichte lassen sich miteinander kombinieren und wenn ein Teil der Familie oder der Gäste nicht auf Kohlenhydrate wie Kartoffeln, Nudeln oder Getreide verzichten möchte, kann man diese einfach zusätzlich integrieren.

Lust, Genuss und Gesundheit

Nun wünsche ich Ihnen viel Spaß beim Zubereiten und lustvollen Genuss beim Essen!
Auf dass Ihnen und Ihren Lieben die Gerichte wohl bekommen und Ihrem Wohlbefinden und Ihrer Gesundheit dienlich seien!

Herzlichst Ihre

Ulli Zika

Hülsenfrüchte

Hülsenfrüchte

♥ vitaminreich  enthält Kalzium

Herzhafte Pilz-Minestrone mit Schinken und Parmesan

FÜR 4 PORTIONEN

200 g grüne Bohnen (Fisolen)
100 g Karotten
200 g Tomaten
100 g Stangensellerie
250 g Pilze Ihrer Wahl
   (Champignons, Seitlinge, Steinpilze)
150 g magerer Bio-Schinken
1 Bund Petersilie
1 Bund Basilikum
100 g Parmesan
100 g Tiefkühl-Erbsen
2 Lorbeerblätter
1 l Gemüsesuppe
1 Schuss Olivenöl extra vergine
Salz
bunter Pfeffer aus der Mühle

Grüne Bohnen waschen und von Stielansätzen und Fäden befreien. Karotten schälen und in dünne Scheiben schneiden. Tomaten von Strunk und Kernen befreien und in Würfelchen schneiden. Stangensellerie waschen und in Streifen schneiden. Pilze putzen und ebenfalls in Streifen schneiden. Schinken in kleine Würfelchen schneiden. Kräuter waschen und abzupfen. Parmesan grob reiben.

Grüne Bohnen, Erbsen, Karotten, Sellerie, Schinkenwürfel und Pilze mit Lorbeer in einen ungelochten Behälter füllen. Mit Suppe aufgießen und 20 Minuten bei 100 °C dämpfen. Anschließend mit Olivenöl, Salz und Pfeffer abschmecken, die frischen Kräuter beifügen und kurz durchziehen lassen.

Auf Teller aufteilen und mit Parmesan servieren.

Hülsenfrüchte

❧ vegetarisch

Rote Bohnensuppe mit Chili und Schafskäse

FÜR 4 PORTIONEN

200 g getrocknete Kidneybohnen
2 Knoblauchzehen
1 Zwiebel
2 Tomaten
2 Chilischoten
2 Lorbeerblätter
1 Schuss Olivenöl
Kreuzkümmel
Salz
250 g Schafskäse, zerrebelt

Bohnen über Nacht einweichen. Am nächsten Tag Restwasser abgießen. Bohnen mit 700 ml Wasser in einen ungelochten Dämpfeinsatz füllen.
Knoblauch und Zwiebel schälen und grob zerkleinern. Tomaten waschen, von Strunk und Grünzeug befreien und grob zerkleinern. Chilis entkernen und fein hacken.
Knoblauch, Zwiebel, Tomaten und Lorbeerblätter zu den Bohnen geben und bei 100 °C circa 1–2 Stunden dämpfen, bis die Bohnen sehr weich sind (Dauer je nach Alter der Bohnen). Lorbeerblätter entfernen und die Masse mit dem Stabmixer zu einer cremigen Suppe pürieren.

Olivenöl beifügen und kräftig mit Kreuzkümmel, Salz und Chili abschmecken.

Die Bohnensuppe mit Schafskäse und gehackten Chilis bestreuen und servieren.

Hülsenfrüchte

🌱 vegetarisch

Mexikanische Tortilla mit scharfer Avocadocreme

FÜR 4 PORTIONEN

100 g getrocknete Kidneybohnen
120 g gelber Paprika
2 sonnengereifte Tomaten
2 Frühlingszwiebeln
½ Bund Koriander
6 Eier
1 Prise scharfes Paprikapulver
Meersalz
1 EL Olivenöl

Für die Avocadocreme:
1 Chili
1 Frühlingszwiebel
1 Tomate
½ Bund Koriander
2 Avocados
Saft von 1 Limette
Meersalz

Bohnen über Nacht einweichen. Am nächsten Tag in einem ungelochten Behälter in der doppelten Menge Wasser bei 100 °C 60– 90 Minuten weich dämpfen. Je nach Größe und Alter der Bohnen kann die Dauer etwas variieren.

Paprika und Tomaten waschen, Strunk und Kerne entfernen und beides in kleine Würfelchen schneiden. Frühlingszwiebeln waschen, Wurzel und verdorrte Enden entfernen. In schräge Ringe schneiden. Koriander waschen, trocknen und hacken.
Nun die Eier verquirlen, mit Paprikapulver und Salz würzen. Bohnen, Paprika, Frühlingszwiebeln und Koriander unterrühren.

Einen ungelochten Behälter mit Olivenöl bestreichen. Die Eimasse einfüllen, mit einer Folie abdecken und bei 100 °C 35 Minuten dämpfen.

In der Zwischenzeit die Avocadocreme zubereiten: Chili waschen, von Strunk und Kernen befreien und fein hacken. Frühlingszwiebel säubern, Enden abschneiden. Zwiebel fein hacken. Tomate von Strunk und Kernen befreien und in feine Würfelchen schneiden. Koriander waschen, trocknen und fein hacken. Avocados schälen, Kern entfernen. Avocados mit einer Gabel zerdrücken. Mit Limettensaft verrühren, Frühlingszwiebel, Chili und Koriander unterrühren. Mit Meersalz abschmecken.

Die fertig gedämpfte Tortilla in kleine Dreiecke oder Quadrate schneiden und mit der Avocadocreme servieren.

Hülsenfrüchte

🌱 vegetarisch

Chicorée-Schiffchen mit mediterraner Bohnencreme

FÜR 4 PORTIONEN

80 g getrocknete weiße Bohnen
15 g Pinienkerne
1 Handvoll Salbeiblätter
Olivenöl extra vergine
1 Knoblauchzehe
Saft und Abrieb von 1 Bio-Zitrone
30 g getrocknete Tomaten
10 g Salzkapern
Meersalz
schwarzer Pfeffer aus der Mühle
100 g Chicorée
optional: Schafskäse oder Mozzarella

Bohnen über Nacht einweichen. Am Folgetag Restwasser abgießen und Bohnen in einen ungelochten Behälter füllen, bei 100° C rund 60–100 Minuten sehr weich dämpfen.
Pinienkerne in der Pfanne ohne Fett trocken rösten, bis sie duften. Salbei waschen, trocknen und fein hacken.
Nach der Garzeit der Bohnen das Wasser abgießen (eventuell ein wenig davon auffangen) und die Bohnen nun mit Olivenöl, Knoblauch, Pinienkernen sowie Saft und Abrieb der Bio-Zitrone zu einer sämigen Paste mixen. Wenn die Paste zu dick wird, mit etwas Kochwasser wieder flüssiger machen.

Getrocknete Tomaten und Kapern fein hacken. Nun die Bohnencreme mit Tomaten, Kapern und Salbei verrühren. Die Paste mit Salz und Pfeffer abschmecken.

Chicorée waschen und die einzelnen Blätter abschneiden. Nun die Bohnencreme in die Blätter einfüllen. Je nach Geschmack mit Schafskäse- oder Mozzarella-Stückchen belegen und als Vorspeise servieren.

Hülsenfrüchte

🌱 vegan

Italienischer Antipastiteller

FÜR 4 PORTIONEN

100 g getrocknete weiße Riesenbohnen
1 rote Zwiebel
Meersalz
Pfeffer aus der Mühle
Olivenöl extra vergine
Balsamicoessig
1 gelber Paprika
1 roter Paprika
1 grüner Paprika
1 Zucchini
200 g Cremechampignons
1 Bund Petersilie
3 Knoblauchzehen
Saft von 1 Zitrone
100 g Pinienkerne

Bohnen über Nacht einweichen. Am Folgetag Restwasser abgießen. Bohnen in einem ungelochten Behälter bei 100 °C in reichlich Wasser rund 1 Stunde weich dämpfen (die Dauer kann je nach Größe und Alter der Bohnen etwas variieren). Zwiebel schälen und in Ringe schneiden. Mit den gedämpften Bohnen vermischen, mit Salz und Pfeffer würzen und mit Olivenöl und etwas Balsamicoessig marinieren.

Gemüse waschen. Paprika von Stielansatz und Kernen befreien. Zucchini, Champignons und Paprika in mundgerechte Stücke schneiden. In einen ungelochten Behälter füllen und bei 100 °C rund 4–5 Minuten weich dämpfen.

Petersilie waschen und fein hacken. Knoblauch schälen und ebenso fein hacken. Das gedämpfte Gemüse mit Olivenöl, Knoblauch, Petersilie, Salz, Pfeffer und Zitronensaft marinieren und einige Stunden im Kühlschrank durchziehen lassen.

Pinienkerne in einer Pfanne ohne Fett trocken rösten, bis sie duften.

Nun das Gemüse und die Bohnen auf einem flachen Teller anrichten und mit den gerösteten Pinienkernen bestreut servieren.

Hülsenfrüchte

⚓ passt hervorragend zu Fisch ⟡ ballaststoffreich und verdauungsfördernd ⚘ vegan

Belugalinsensalat mit Kohlrabi und gelben Rüben

FÜR 4 PORTIONEN

250 g getrocknete Belugalinsen
1 Lorbeerblatt
1 große gelbe Rübe
1 großer Kohlrabi
2 Frühlingszwiebeln
Salz
schwarzer Pfeffer aus der Mühle
Olivenöl extra vergine
Balsamicoessig

Linsen mit 400 ml Wasser und Lorbeer in einen ungelochten Behälter füllen. Gelbe Rübe schälen. Kohlrabi schälen, halbieren und mit der Rübe gemeinsam in einen gelochten Dampfgarbehälter geben.

Alles bei 100 °C rund 25 Minuten dämpfen. Linsen kurz ausdämpfen lassen. Kohlrabi und gelbe Rüben in kleine Würfel schneiden, Frühlingszwiebeln putzen und in dünne Ringe schneiden. Alles vermengen und mit Salz, Pfeffer, Olivenöl und gutem Balsamicoessig abschmecken.

Im Kühlschrank mindestens 20 Minuten durchziehen lassen und anschließend zimmerwarm servieren.

Hülsenfrüchte

🌱 vegetarisch

Bohnensalat Caprese

FÜR 4 PORTIONEN

150 g getrocknete weiße Bohnen
125 g Mozzarella
250 g sonnengereifte Tomaten
3 Schalotten
1 Bund Basilikum
Olivenöl extra vergine
weißer Balsamicoessig
Salz
weißer Pfeffer

Bohnen über Nacht einweichen. Am nächsten Tag restliches Wasser abgießen. Bohnen in einem ungelochten Behälter mit reichlich frischem Wasser bedecken und je nach Alter und Größe rund 1–2 Stunden weich dämpfen.

Mozzarella in Scheiben schneiden. Tomaten waschen und achteln. Schalotten schälen und in Ringe schneiden. Basilikum waschen und abzupfen. Alle Zutaten vermengen und mit Olivenöl, Essig, Salz und Pfeffer marinieren.

Hülsenfrüchte

🌱 vegan

Mungbohnen-Karotten-Salat

FÜR 4 PORTIONEN

400 g getrocknete Mungbohnen
2 Karotten
1 Bund Frühlingszwiebeln
Kreuzkümmel, gemahlen
2 cm Ingwerknolle, gerieben
Pfeffer aus der Mühle
Salz
Walnussöl
Saft von 1 Limette

Mungbohnen mindestens 4 Stunden einweichen. Anschließend das Einweichwasser abgießen, Bohnen in einen ungelochten Behälter füllen, abermals mit Wasser bedecken und rund 30–40 Minuten bei 100 °C dämpfen.

Karotten schälen, in kleine Würfelchen schneiden und die letzten 2 Minuten in einem gelochten Garbehälter mitdämpfen.

Frühlingszwiebeln waschen, Enden entfernen. In schräge Ringe schneiden.

Mungbohnen mit den gekochten Karottenwürfelchen und Frühlingszwiebeln vermengen. Mit Kreuzkümmel, Ingwer, Pfeffer, Salz, Walnussöl und Limettensaft marinieren und etwas durchziehen lassen.

Als Beilage oder Zwischenmahlzeit servieren.

Hülsenfrüchte

 vegetarisch    ballaststoffreich   ♥ pflegt den Darm und die Verdauung

Rahmlinsen mit Radieschen

FÜR 4 PORTIONEN

150 g getrocknete braune Linsen
1 Lorbeerblatt
1 Bund Radieschen (ca. 150 g)
200 g saure Sahne (Sauerrahm)
1 TL Kreuzkümmel
Salz
bunter Pfeffer aus der Mühle

Linsen über Nacht einweichen. Am nächsten Tag restliches Wasser abgießen. Linsen in einen ungelochten Behälter füllen. Mit der doppelten Menge Wasser bedecken, Lorbeerblatt beifügen und rund 60 Minuten bei 100 °C weich dämpfen (je nach Sorte und Alter der Linsen kann die Dauer etwas variieren). Linsen leicht auskühlen lassen.

Radieschen waschen und klein hacken. Mit den gekochten Linsen und der sauren Sahne verrühren. Mit Kreuzkümmel, Salz und Pfeffer abschmecken.

Hülsenfrüchte

🌱 vegan

Kichererbsen in Paprika-Tomaten-Sauce

FÜR 4 PORTIONEN

250 g getrocknete Kichererbsen
1 Zwiebel
2 Knoblauchknollen
1 roter Paprika
1 gelber Paprika
1 Chili
1 Lorbeerblatt
1 kg sonnengereifte Tomaten
Olivenöl extra vergine
1 TL Rosenpaprika, gemahlen
1 EL Tomatenmark
1 TL Koriander, gemahlen
Salz
Pfeffer aus der Mühle
1 Bund Koriandergrün, gehackt

Kichererbsen über Nacht in kaltem Wasser einweichen. Am nächsten Tag das Einweichwasser abgießen. Kichererbsen in einem ungelochten Behälter mit reichlich frischem Wasser und einem Lorbeerblatt bei 100 °C rund 1 Stunde weich dämpfen.

Zwiebel und Knoblauch schälen und fein hacken. Paprika und Chili von Stielansätzen und Kernen befreien. Chili fein hacken. Paprika in Würfelchen schneiden. Tomaten vom grünen Strunk befreien und in Würfel schneiden.

In einer Pfanne Zwiebel und Knoblauch in etwas Olivenöl ansautieren. Rosenpaprika beifügen, etwas anrösten, Tomatenmark dazugeben, mitrösten und anschließend Paprikawürfel und Tomaten beifügen. Kurz durchrühren und mit gemahlenem Koriander würzen.

In der Zwischenzeit die gegarten Kichererbsen abgießen und gemeinsam mit der Paprika-Tomaten-Sauce abermals in einen ungelochten Behälter füllen. Bei 100 °C weitere 20–40 Minuten dämpfen, bis sie weich sind. Alles gut durchrühren. Ein paar Löffel des Gerichts mit dem Stabmixer zu einer dicken Paste mixen. Diese wieder zum Rest geben und alles gut verrühren.

Mit Salz und Pfeffer abschmecken und mit gehacktem Koriandergrün bestreut servieren.

Hülsenfrüchte

◆ ballaststoffreich

Kichererbsen mit Hühnerbrust in Orangen-Safran-Sauce

FÜR 4 PORTIONEN

200 g getrocknete Kichererbsen
250 g Hühnerbrust
1 Schuss Sahne (Obers)
1 Schuss Olivenöl extra vergine
1 Prise Safran
3 Orangen
Salz
Pfeffer aus der Mühle
1 weiße Zwiebel, fein gehackt
1 Bund Petersilie

Kichererbsen über Nacht in reichlich Wasser einweichen. Einweichwasser abgießen. Kichererbsen in frischem Wasser bei 100 °C rund 1 Sunde weich dämpfen (die Garzeit variiert nach Größe und Alter der Kichererbsen). Die letzten 10 Minuten die Hühnerbrust in einem ungelochten Behälter ebenfalls bei 100 °C mitdämpfen. Die Hühnerbrust anschließend in Würfel schneiden.

Wenn die Kichererbsen gar sind, rund 2 EL davon entnehmen und mit der Sahne, dem entstandenen Hühnersud, Olivenöl, Safran und dem Saft von 1 Orange mit dem Stabmixer zu einer Sauce mixen. Mit Salz und Pfeffer kräftig abschmecken.

Die restlichen Orangen filetieren und in kleine mundgerechte Stücke schneiden.

Nun die Kichererbsen abgießen und mit dem Huhn, der Zwiebel und der Safran-Orangen-Sauce verrühren, Orangenfilets beifügen und mit Salz und Pfeffer würzen. Alles nochmals kurz im Dampfgarer erwärmen und anschließend mit gehackter Petersilie bestreut heiß servieren.

Hülsenfrüchte

vegan

Kichererbsen mit Spinat auf spanische Art

FÜR 4 PORTIONEN

250 g getrocknete Kichererbsen
1 Lorbeerblatt
6 Knoblauchzehen
Olivenöl extra vergine
2 EL Kreuzkümmel, gemahlen
Saft und Abrieb von 1 Bio-Zitrone
Salz und Pfeffer
500 g Blattspinat

Kichererbsen über Nacht in reichlich kaltem Wasser einweichen. Am Folgetag das Einweichwasser abgießen. Kichererbsen abermals mit Wasser in einen ungelochten Behälter füllen und das Lorbeerblatt beifügen. Rund 1 Stunde bei 100 °C dämpfen – je nach Alter der Kichererbsen. Die Kichererbsen sollen gar, aber nicht matschig sein. Abgießen und etwa ¼ l vom Kochwasser aufheben.

Knoblauch schälen und grob hacken. 2–3 EL der gedämpften Kichererbsen mit reichlich Olivenöl, etwas Kichererbsen-Kochwasser, Knoblauch, Kreuzkümmel, Saft und Abrieb der Bio-Zitrone sowie Salz und Pfeffer zu einer würzigen und dickflüssigen Sauce mixen.

Blattspinat waschen und verlesen. In einen gelochten Behälter geben und bei 100 °C rund 3–5 Minuten blanchieren.

Nun den blanchierten Spinat, die gegarten Kichererbsen und die Sauce miteinander vermengen und heiß servieren.

Hülsenfrüchte

Scharfes Kichererbsencurry auf Thai-Art

FÜR 4 PORTIONEN

250 g getrocknete Kichererbsen
400 ml Kokosmilch
2 EL Thaicurrypaste (siehe unten)*
3 Kaffir-Limettenblätter*
1 Stängel Zitronengras*
Saft von 1 Limette
thailändische Fischsauce*
1 Handvoll schwarzer Sesam

Kichererbsen über Nacht einweichen und anschließend in einem ungelochten Behälter in reichlich Wasser rund 1 Stunde bei 100 °C weich dämpfen. Die Garzeit variiert je nach Alter und Größe der Kichererbsen.

Den festen Teil der Kokosmilch am Herd erhitzen – sobald sie Blasen wirft, Currypaste einrühren und mit einem Schneebesen auflösen.
Nun die gedämpften Kichererbsen gemeinsam mit der Currysauce, der restlichen Kokosmilch, Limettenblättern und Zitronengras in einen ungelochten Behälter füllen und weitere 10 Minuten dämpfen.
Mit etwas Limettensaft und Fischsauce abschmecken und mit schwarzem Sesam bestreut heiß servieren.

*Die Zutaten für Thaicurrys erhalten Sie in Asialäden.

Selbst gemachte Thaicurrypaste

10 Schalotten
3 Knoblauchzehen
2 Scheiben Ingwer
Saft von 1 Limette
1–5 rote Chili (je nach gewünschter Schärfe)
1 EL Koriandersamen
1 TL schwarzer Pfeffer
1 EL Kurkuma
100 ml Erdnussöl

Alle Zutaten im Mixer oder Mörser zu einer sämigen Paste zerkleinern.

Hülsenfrüchte

🌱 vegan

Indisches Linsen-Dal

FÜR 4 PORTIONEN

2 Tomaten
1 Zwiebel
1 Knoblauchzehe
2 cm Ingwerknolle
150 g getrocknete rote Linsen
150 g getrocknete gelbe Linsen
2 TL Kreuzkümmel, gemahlen*
2 TL Korianderkörner, gemahlen*
2 TL Garam masala*
2 TL Gelbwurz*
2 Lorbeerblätter
200 ml Kokosmilch
Meersalz
schwarzer Pfeffer
Saft von ½ Zitrone
kalt gepresstes Kokosöl
frischer Koriander

*Wer diese Vielfalt an Gewürzen nicht zu Hause hat, kann auch ersatzweise 2 EL Currypulver verwenden.

Tomaten waschen und grünen Stielansatz entfernen. In Würfel schneiden. Zwiebel, Knoblauch, Ingwer schälen und fein hacken oder reiben.

Linsen waschen und mit 400 ml Wasser in einen ungelochten Behälter füllen.
Zwiebel, Ingwer, Knoblauch, Tomaten und Gewürze beifügen und rund 35 Minuten bei 100 °C weich dämpfen.

Anschließend die Kokosmilch einrühren und mit Salz, Pfeffer, einem Spritzer Zitronensaft und kalt gepresstem Kokosöl abschmecken. Mit frisch gehacktem Koriander bestreut servieren.

Hülsenfrüchte

Gelbes Linsenpüree mit Selchkareewürfeln

FÜR 4 PORTIONEN

80 g Zwiebeln
360 g getrocknete gelbe Linsen
1 Lorbeerblatt
400 g Kasseler Rippenspeer
 (Bio-Selchkarree)
1 Spritzer weißer Balsamicoessig
1 Schuss Olivenöl extra vergine
Salz
schwarzer Pfeffer aus der Mühle

Zwiebeln schälen und in grobe Stücke schneiden. Linsen mit 850 ml Wasser, Zwiebeln und dem Lorbeerblatt in einen ungelochten Behälter füllen und in die untere Ebene des Dampfgarers schieben.

Das Fleisch in einen gelochten Behälter füllen und in die obere Ebene des Dampfgarers schieben.

Nun beides gemeinsam bei 100 °C 15–30 Minuten dämpfen.

Lorbeerblatt aus den gegarten Linsen entfernen. Balsamicoessig und Olivenöl beifügen und mit dem Stabmixer zu einem sämigen Püree zerkleinern. Mit Salz und Pfeffer abschmecken.
Das gedämpfte Fleisch in Würfel schneiden.

Linsenpüree auf Teller auftragen, die Fleischwürfel darauf platzieren und kräftig mit frischem Pfeffer bestreuen. Heiß servieren.

Hülsenfrüchte

◆ ballaststoffreich ♥ vitaminreich

Herzhafter Bauernlinsentopf mit Steinpilzen und Selchfleisch

FÜR 4 PORTIONEN

1 Zwiebel
2 Knoblauchzehen
200 g Rosenkohl (Kohlsprossen)
150 g Sellerieknolle
150 g getrocknete Berglinsen
500 ml Gemüsesuppe
20 g getrocknete Steinpilze
1 Lorbeerblatt
1 TL getrockneter Thymian
200 g Kasseler (Bio-Selchfleisch)
100 ml saure Sahne (Sauerrahm)
1 Spritzer Balsamicoessig
Salz
Pfeffer

Zwiebel und Knoblauch schälen und fein hacken. Rosenkohl waschen und vierteln. Sellerie schälen und in 1-cm-Würfelchen schneiden.
Linsen mit der Gemüsesuppe in einen ungelochten Behälter füllen, Zwiebel, Knoblauch, Pilze, Gemüse, Lorbeer und Thymian beifügen.
Fleisch in einen gesonderten ungelochten Garbehälter geben. Beides bei 100 °C rund 30 Minuten weich dämpfen.
Einen Teil der Linsen mit der sauren Sahne und der Garflüssigkeit des Fleisches zu einer sämigen Sauce mixen, diese wieder unter die Linsen rühren. Mit Balsamicoessig, Salz und Pfeffer abschmecken.
Fleisch in kleine Würfelchen schneiden und unter die Linsen rühren bzw. diese damit bestreuen. Das Gericht heiß servieren.

Hülsenfrüchte

vegan

Blanchierte Zuckererbsenschoten mit Cashewkernen

FÜR 4 PORTIONEN

800 g Zuckererbsenschoten
200 g Cashewkerne
1 Bund frisches Koriandergrün
2 Knoblauchzehen
Kokosöl
Meersalz
Pfeffer aus der Mühle

Erbsenschoten waschen, Stielansätze entfernen. Die Cashewkerne in einer Pfanne ohne Fett trocken rösten. Die Hälfte der Cashewkerne grob hacken. Koriander waschen und fein hacken. Knoblauch schälen und ganz fein hacken.

Zuckererbsenschoten in einen gelochten Behälter füllen und bei 100 °C 2 Minuten blanchieren

Etwas Kokosöl in einer Pfanne erhitzen, Knoblauch ganz kurz darin anrösten.

Die blanchierten Zuckererbsenschoten mit Knoblauch, Kokosöl, Cashewkernen und Koriander vermengen, mit Salz und Pfeffer abschmecken und warm servieren.

Tipp: Passt sehr gut zur saftigen Putenkeule mit Zwiebeln und Sojasauce (siehe Seite 108).

Hülsenfrüchte

vegan

Bohnen in Sellerie-Tomaten-Sauce

FÜR 4 PORTIONEN

200 g getrocknete weiße Bohnen
1 kleiner Stangensellerie
2 große sonnengereifte Tomaten
1 große Zwiebel
1 Knoblauchzehe
Olivenöl extra vergine
getrocknetes Bohnenkraut
Salz
bunter Pfeffer aus der Mühle

Bohnen über Nacht einweichen. Am nächsten Tag Restwasser abgießen. Bohnen in einem ungelochten Behälter mit der doppelten Menge Wasser bei 100 °C rund 60–90 Minuten gar, aber nicht zu weich dämpfen (die Dauer variiert je nach Größe und Alter der Bohnen).

In der Zwischenzeit Stangensellerie und Tomaten waschen. Strunk und Kerne der Tomaten entfernen und diese in mundgerechte Würfel schneiden. Zwiebel und Knoblauch schälen und fein hacken. Sellerie quer in Streifen schneiden.

Olivenöl am Herd erhitzen, Zwiebel, Knoblauch und Sellerie beifügen. Etwas durchrösten, Tomaten dazugeben und weiterbraten, bis sich ein Großteil der Flüssigkeit verkocht hat.

Die gedämpften Bohnen abseihen und mit der Tomatensauce vermischen, mit Bohnenkraut, Salz und Pfeffer würzen und abermals rund 5–10 Minuten bei 100 °C dämpfen. Mit etwas Olivenöl beträufeln und heiß servieren.

Obst und Gemüse – vegetarisch und vegan

Obst und Gemüse – vegetarisch und vegan

🌱 vegetarisch   Parmesan ist reich an Kalzium

Fenchel-Tomaten-Suppe mit Basilikum und Parmesan

FÜR 4 PORTIONEN

700 g sonnengereifte Tomaten
250 g Fenchelknolle
750 ml Gemüsesuppe
2 EL Olivenöl extra vergine
Salz
Pfeffer
½ Bund Basilikum, gehackt
150 g Parmesan, gerieben

Tomaten waschen, Strunk und Kerne entfernen. Fenchel waschen und in kleine Stücke schneiden. Tomaten, Fenchel und Suppe in einen ungelochten Behälter füllen und bei 100 °C 25 Minuten dämpfen. Mit Olivenöl, Salz und Pfeffer abschmecken. Die Hälfte der Suppe pürieren und dann mit der restlichen Suppe vermischen.

Mit frisch gehacktem Basilikum und Parmesan servieren.

Obst und Gemüse – vegetarisch und vegan

✤ vegetarisch

Grüne Spargel-Kohlrabi-Suppe mit Zitrone

FÜR 4 PORTIONEN

400 g grüner Spargel
1 kleiner Kohlrabi
700 ml Gemüsesuppe
Saft und Abrieb von 1 Bio-Zitrone
125 ml Sahne (Obers)
Salz
Zitronenpfeffer

Spargel waschen, holzige Enden entfernen. In Stücke schneiden, die Spitzen beiseitelegen. Kohlrabi schälen und in kleine Würfelchen schneiden. Spargelstücke, Kohlrabi, Gemüsesuppe, etwas Zitronensaft und reichlich Abrieb der Bio-Zitrone in einen ungelochten Dampfgarbehälter füllen und bei 100 °C 12 Minuten dämpfen. Die letzten 3 Minuten die Spargelspitzen in einem gelochten Einsatz mitdämpfen.

Anschließend die Suppe pürieren, etwas Sahne hineinmixen und mit Salz und Zitronenpfeffer abschmecken. Die Spargelspitzen einlegen und die Suppe heiß servieren.

Obst und Gemüse – vegetarisch und vegan

🌱 vegan

Paprika-Tomaten-Süppchen mit Mandeln

FÜR 4 PORTIONEN

2 sonnengereifte Tomaten
600 g rote Paprika
1 Knoblauchzehe
1 Zwiebel
40 g geriebene Mandeln
500 ml Gemüsesuppe
1 Lorbeerblatt
1 EL Mandelöl
Salz
weißer Pfeffer
Mandelblättchen zum Bestreuen

Tomaten von Strunk und Grünzeug befreien, waschen und grob zerkleinern. Paprika waschen, entkernen und in Streifen schneiden. Knoblauch und Zwiebel schälen und hacken. Tomaten, Paprika, Zwiebel und Knoblauch mit den geriebenen Mandeln in einen ungelochten Behälter füllen und alles mit Suppe aufgießen. Ein Lorbeerblatt beifügen und im ungelochten Behälter bei 100 °C 35 Minuten weich dämpfen.

Dann das Lorbeerblatt entfernen, 1 Schuss Mandelöl beifügen und die Suppe mit dem Stabmixer pürieren. Mit Salz und Pfeffer abschmecken und mit Mandelblättchen bestreut servieren.

Obst und Gemüse – vegetarisch und vegan

✤ vegetarisch

Gefüllte Tomaten mit Mandeln und Schafskäse

FÜR 4 PORTIONEN

150 g Mandeln
200 g Schafskäse
2 Chilis
1 Prise getrocknete Minze
Olivenöl extra vergine
4 große Tomaten
Pfeffer
1 Zweig Basilikum oder frische Minze

Mandeln im gelochten Behälter bei 100 °C 2 Minuten blanchieren, kalt abschrecken und die Haut entfernen. Schafskäse zerbröseln. Mandeln fein hacken oder mörsern und mit dem Schafskäse vermischen. Chilis von Stielansatz und Kernen befreien und fein hacken. Mit der getrockneten Minze unter das Schafskäse-Gemisch mengen und mit etwas Olivenöl zu einer Creme rühren.

Den oberen Teil der Tomaten abschneiden, Saft und Kerne entfernen und die Käsecreme einfüllen. In einem gelochten Behälter bei 80 °C 10 Minuten dämpfen.

Mit Basilikum oder frischer Minze dekoriert servieren.

Obst und Gemüse – vegetarisch und vegan

🌱 vegan ★ reich an Vitaminen und Antioxidantien ☆ reich an wertvollen Fettsäuren

Spargel-Nuss-Salat

FÜR 4 PORTIONEN

500 g weißer daumendicker Spargel
400 g Feldsalat (Vogerlsalat)
1 Granatapfel
200 g Walnüsse
Walnussöl
Saft und Abrieb von 1 Bio-Zitrone
Salz
weißer Pfeffer
Balsamicoessig

Spargel schälen, holzige Enden entfernen. Im ungelochten Behälter 10–14 Minuten bei 100 °C dämpfen. In der Zwischenzeit den Salat waschen und die Granatapfelkerne aus der Schale lösen.
Walnüsse in einer Pfanne ohne Fett trocken rösten, bis sie duften.

Feldsalat mit Walnussöl, etwas Saft und Abrieb der Bio-Zitrone, Salz und weißem Pfeffer marinieren.

Nun den marinierten Feldsalat auf einem flachen Teller anrichten, den gedämpften Spargel, die Granatapfelkerne und die gerösteten Nüsse darauf verteilen.

Mit Walnussöl und einem Schuss Balsamicoessig beträufeln, noch etwas Zitronenabrieb darüberreiben und mit Salz und Pfeffer abschmecken.

Tipp: Die Kerne von Granatäpfeln lösen sich leichter, wenn Sie die ganzen Früchte vor dem Zerteilen auf der Arbeitsplatte rollen, bis ein leises Knacken zu hören ist.

Obst und Gemüse – vegetarisch und vegan

🌱 vegan ☆ reich an wertvollen Fettsäuren

Spargel mit Sonnenblumenkernen

FÜR 4 PORTIONEN

1 kg weißer daumendicker Spargel

Für das Pesto:
100 g Petersilie
1 Knoblauchzehe
100 g Sonnenblumenöl
150 g Sonnenblumenkerne und
Saft und Abrieb von 1 Bio-Zitrone
Salz
bunter Pfeffer aus der Mühle

50 g Sonnenblumenkerne zum Bestreuen

Spargel schälen, holzige Enden entfernen. Im ungelochten Behälter 10–14 Minuten bei 100 °C dämpfen.

In der Zwischenzeit das Pesto zubereiten: Petersilie waschen und verlesen. Petersilie, Knoblauch, Öl und 100 g Sonnenblumenkerne in der Küchenmaschine oder im Mörser zu einer sämigen Paste zerkleinern. Mit Zitronensaft und -abrieb, Salz und Pfeffer abschmecken.

Den gedämpften Spargel mit dem Pesto überziehen und mit den restlichen Sonnenblumenkernen bestreut servieren.

Obst und Gemüse – vegetarisch und vegan

✤ vegetarisch

Spargel auf italienische Art

FÜR 4 PORTIONEN

1 kg weißer daumendicker Spargel
6 Eier
1 Bund Petersilie
Salz
Pfeffer
Olivenöl extra vergine

Spargel schälen, holzige Enden entfernen. Mit den Eiern im ungelochten Behälter 10–14 Minuten bei 100 °C dämpfen.

In der Zwischenzeit Petersilie waschen und fein hacken.

Den fertig gedämpften Spargel auf einer Platte oder einem großen Teller flach auflegen. Die hartgekochten Eier schälen, hacken und darüberstreuen. Mit Salz und Pfeffer würzen und mit reichlich gutem Olivenöl beträufeln.

Mit der frisch gehackten Petersilie bestreuen und lauwarm servieren.

Obst und Gemüse – vegetarisch und vegan

☘ vegetarisch

Karfiol und Brokkoli in Butter-Nuss-Bröseln mit Zitronen-Avocado-Creme

FÜR 4 PORTIONEN

1 Brokkoli
1 Blumenkohl (Karfiol)
50 g Butter
200 g geriebene Mandeln
Kräutersalz

Für die Zitronen-Avocado-Creme:
1 weiche Avocado
1 Becher saure Sahne (Sauerrahm)
Saft und Abrieb von 1 Bio-Zitrone
Kräutersalz
schwarzer Pfeffer aus der Mühle

Brokkoli und Blumenkohl waschen, vom Strunk schneiden und in mittelgroße Röschen zerteilen. In einem ungelochten Behälter je nach Größe der Röschen und gewünschter Bissfestigkeit bei 100 °C rund 8–10 Minuten dämpfen.

In der Zwischenzeit Butter in einer Pfanne am Herd schmelzen und die geriebenen Mandeln darin anrösten. Laufend umrühren, damit die Nüsse nicht anbrennen.

Für die Creme Avocado schälen, den Kern entfernen und das weiche Fruchtfleisch mit einer Gabel zerdrücken. Zitronenabrieb und 1 Spritzer Zitronensaft einrühren. Nun mit der sauren Sahne zu einer Creme verrühren und mit Kräutersalz und schwarzem Pfeffer abschmecken.

Das fertig gegarte Gemüse in den warmen Butter-Mandeln schwenken, mit Salz würzen und gemeinsam mit der Zitronen-Avocado-Creme servieren.

Tipp: Dazu passt ein knackiger Blattsalat.

Obst und Gemüse – vegetarisch und vegan

✿ vegetarisch

Romanesco und Karfiol mit Basilikum-Ziegenkäse-Creme

FÜR 4 PORTIONEN

1 Romanesco
1 Blumenkohl (Karfiol)
1 Schuss Olivenöl extra vergine
Saft von ½ Bio-Zitrone
Kräutersalz
bunter Pfeffer aus der Mühle

Für die Creme:
1 Bund Basilikum
200 g Ziegenkäse (cremig)
1 Schuss Olivenöl extra vergine
Saft und Abrieb von ½ Bio-Zitrone

1 Handvoll Pinienkerne

Gemüse waschen, Romanesco und Blumenkohl in Röschen zerteilen. In einen ungelochten Behälter füllen und je nach Größe der Stücke 5–10 Minuten bei 100 °C dämpfen.
Mit Olivenöl, Zitronensaft, Kräutersalz und Pfeffer würzen.

Basilikum hacken und mit Ziegenkäse und Olivenöl zu einer Creme verarbeiten. Mit 1 Schuss Zitronensaft und etwas Zitronenabrieb aromatisieren.

Pinienkerne grob hacken und in einer Pfanne ohne Fett trocken rösten.

Das gedämpfte Gemüse mit den Pinienkernen bestreuen und mit der Ziegenkäsecreme servieren.

Obst und Gemüse – vegetarisch und vegan

✣ vegetarisch

Kohlrabi-Spaghetti mit Pinienkernen

FÜR 4 PORTIONEN

4 Kohlrabi
2 Handvoll Salbeiblätter
100 g Pinienkerne
1 rote Zwiebel
200 g getrocknete Tomaten
Olivenöl extra vergine
Saft und Abrieb von 1 Bio-Zitrone
Salz
weißer Pfeffer aus der Mühle
250 g Ziegenkäse, gerieben

Aus den Kohlrabi mit einem Spiralschneider Spaghetti schneiden. Salbei waschen und abzupfen.
Pinienkerne in einer Pfanne ohne Fett trocken rösten, bis sie duften. Dann grob hacken. Zwiebel schälen und in Streifen schneiden. Getrocknete Tomaten klein hacken.
In einer Pfanne Olivenöl erhitzen, Zwiebel darin anrösten, Salbeiblätter und gehackte Tomatenstücke beifügen. Mit Saft und Abrieb der Bio-Zitrone aromatisieren.

Kohlrabinudeln in einen gelochten Behälter geben und bei 100 °C 3 Minuten bissfest dämpfen. Mit Salz, Pfeffer und Olivenöl würzen.

Nun den gedämpften Kohlrabi in die Pfanne mit dem Sugo geben, alles kurz durchschwenken und mit Ziegenkäse und gerösteten Pinienkernen bestreut servieren.

Obst und Gemüse – vegetarisch und vegan

🌱 vegetarisch

Zucchini-Spaghetti mit Basilikum

FÜR 4 PORTIONEN

4 Zucchini
1 Bund Basilikum
2 sonnengereifte Tomaten
250 g Schafskäse
Olivenöl extra vergine
Salz
bunter Pfeffer aus der Mühle

Aus den Zucchini mit einem Spiralschneider Nudeln schneiden.

Basilikum waschen und abzupfen.

Zucchininudeln in einen gelochten Behälter geben und bei 100 °C 2 Minuten dämpfen.
Tomaten vom Strunk entfernen und in mundgerechte Stücke schneiden.

Schafskäse in Würfel schneiden und mit Tomatenstücken und Zucchininudeln vermengen. Alles nochmals kurz gemeinsam dämpfen (rund 1 Minute).

Abschließend mit Basilikumblättern und Olivenöl verfeinern und mit Salz und Pfeffer abschmecken.

Obst und Gemüse – vegetarisch und vegan

🌱 vegan   ♥ gut für die Verdauung

Indischer Kokos-Spinat mit gebratenem Räuchertofu

FÜR 4 PORTIONEN

1 Zwiebel
2 Knoblauchzehen
Kokosöl
1 EL Currypulver
1 TL Kreuzkümmel
1 TL Koriandersamen
200 ml ungesüßte Kokosmilch
1 kg Blattspinat
Salz
schwarzer Pfeffer aus der Mühle
400 g Räuchertofu

Zwiebel und Knoblauch schälen und am Herd in einer Pfanne mit 1 Schuss Kokosöl glasig dünsten. Gewürze beifügen und mit Kokosmilch aufgießen. Alles zu einer sämigen Sauce einkochen lassen.

In der Zwischenzeit Blattspinat waschen, verlesen und im ungelochten Behälter rund 4 Minuten bei 100 °C blanchieren. Dann leicht ausdrücken, damit das überschüssige Wasser entfernt wird.
Den blanchierten Blattspinat mit der Kokos-Curry-Sauce vermischen. Salzen und pfeffern.

In der Zwischenzeit Räuchertofu in Scheiben schneiden und in etwas Kokosöl in der Pfanne anbraten. Den Kokos-Spinat mit dem Räuchertofu servieren.

Obst und Gemüse – vegetarisch und vegan

🌱 vegetarisch ☆ reich an wertvollen Fettsäuren ⤚ reich an Magnesium

Chili-Minz-Spinat mit Rahmeiern und Walnüssen

FÜR 4 PORTIONEN

4 Eier
800 g Baby-Blattspinat
1 Schuss Olivenöl extra vergine
1 TL gehackte Minze
1 kleine Chili, gehackt
Salz
2 Knoblauchzehen, gehackt
1 Becher saure Sahne (Sauerrahm)
Pfeffer aus der Mühle
1 Handvoll Walnüsse, grob gehackt
1 Tasse Kresse

Eier im Dampfgarer hart dämpfen (rund 10 Minuten bei 100 °C, je nach Größe kann das aber etwas variieren). Anschließend abschrecken.
Blattspinat waschen und verlesen. Die letzten 3 Minuten in einem gelochten Behälter mit den Eiern mitdämpfen. Spinat ausdrücken, bis er kein Wasser mehr lässt. Mit Olivenöl, Minze, Chili, Salz und einer gehackten Knoblauchzehe aromatisieren.

Die harten Eier schälen und grob reiben. Mit saurer Sahne und der zweiten gehackten Knoblauchzehe vermischen. Mit Salz und Pfeffer abschmecken.

Walnüsse in einer Pfanne ohne Fett trocken rösten, bis sie duften.

Die Rahmeier ringförmig anrichten und mit frischer Kresse bestreuen, den Spinat in der Mitte zu einem kleinen Berg auftürmen und mit gerösteten Walnüssen bestreuen.

Lauwarm oder kalt genießen.

Obst und Gemüse – vegetarisch und vegan

✤ vegetarisch

Gemüsepüree mit Haselnüssen und gebratenen Kräuterseitlingen

FÜR 4 PORTIONEN

400 g Blumenkohl (Karfiol)
250 g Kohlrabi
200 g Tiefkühl-Erbsen
1 Schuss Sahne (Obers)
Salz
Pfeffer aus der Mühle
etwas Muskatnuss
1 Klecks Butter
1 Handvoll gehackte Haselnüsse
400 g Kräuterseitlinge
1–2 EL Kokosöl
1 Bio-Zitrone

Blumenkohl und Kohlrabi waschen. Strunk vom Karfiol entfernen, Kohlrabi schälen und in Viertel schneiden, Karfiol in Röschen aufteilen. In einen gelochten Behälter füllen und bei 100 °C 15 Minuten weich dämpfen. Die letzten 5 Minuten auch die Erbsen beifügen.

Gemüse anschließend mit Sahne zu einem Püree zerkleinern – am besten mit einem Pürierstab. Mit Salz, Pfeffer und Muskat abschmecken. Butter einrühren und mit gehackten Haselnüssen bestreuen.

Kräuterseitlinge in Scheiben schneiden und in Kokosöl anbraten. Mit Salz, Pfeffer sowie Abrieb und etwas Saft der Bio-Zitrone marinieren.
Mit dem Gemüsepüree servieren.

Obst und Gemüse – vegetarisch und vegan

♥ ballaststoffreich   🌱 vegan

Kohlrabi in Bohnen-Zitronen-Sauce mit Sonnenblumenkernen

FÜR 4 PORTIONEN

250 g getrocknete weiße Bohnen
3–4 Kohlrabi
2 Handvoll Sonnenblumenkerne
Salz
Pfeffer aus der Mühle
1 Schuss kalt gepresstes Sonnenblumenöl
Saft und Abrieb von 1 Bio-Zitrone
1 TL getrocknetes Bohnenkraut

Bohnen über Nacht einweichen. Am Folgetag mit frischem Wasser in einem ungelochten Behälter bei 100 °C je nach Größe rund 80–90 Minuten weich dämpfen.

In der Zwischenzeit Kohlrabi schälen und in circa 1 cm breite Würfelchen schneiden.
Die letzten 5 Minuten den Kohlrabi in einem gelochten Behälter mit den Bohnen mitdämpfen.

Sonnenblumenkerne in einer Pfanne ohne Fett trocken rösten, bis sie duften.

Die fertig gedämpften Bohnen mit etwas Kochwasser, Salz, Pfeffer, Sonnenblumenöl und etwas Saft und Abrieb der Bio-Zitrone vermischen. Mit dem Stabmixer zu einer Sauce zerkleinern, mit Bohnenkraut würzen. Nun den gedämpften Kohlrabi mit der Sauce verrühren und mit Salz und Pfeffer abschmecken. Mit den gerösteten Sonnenblumenkernen bestreuen.

Tipp: Schmeckt als Beilage oder vegetarische Hauptspeise. Dazu passen Spiegeleier sowie Fleisch oder Geflügel.

Obst und Gemüse – vegetarisch und vegan

🌱 vegetarisch

Topfencreme mit Rhabarber-Erdbeer-Ragout

FÜR 4 PORTIONEN

3 Stangen Rhabarber
400 g sonnengereifte Erdbeeren
Mark von 1 Vanilleschote
2 TL Birkenzucker
400 g Quark (Topfen),
    etwas Quark für die Dekoration
Abrieb von 1 Bio-Zitrone
1 Zweig Pfefferminze

Rhabarber und Erdbeeren waschen, Stiele der Erdbeeren entfernen und das Obst in kleine Stücke schneiden. Mit Vanillemark und 1 TL Birkenzucker in einen ungelochten Dampfgarbehälter füllen und bei 100 °C 3 Minuten dämpfen.

Anschließend auskühlen lassen, einen Teil des Ragouts beiseitestellen. Die Hälfte des anderen Teils mit der Hälfte des Quarks zu einer Creme verrühren.

Die andere Hälfte des Quarks mit Zitronenabrieb aromatisieren und mit 1 TL Birkenzucker süßen.

Nun in Dessertschälchen oder Gläsern jeweils eine Schicht Obst-Quark-Creme und eine Schicht Zitronen-Quark-Creme einfüllen. Jeweils mit einer Schicht Rhabarber-Erdbeer-Ragout bedecken und mit einem Klecks Quark und einem Pfefferminzblättchen dekorieren.

Obst und Gemüse – vegetarisch und vegan

🌱 vegan   🥬 vitaminreich

Sommerbeeren mit Pistazien

FÜR 4 PORTIONEN

1 kg gemischte Sommerbeeren (Himbeeren, Brombeeren, Erdbeeren, Heidelbeeren o. Ä.)
4 EL gehackte grüne Pistazien

Die gewaschenen und verlesenen Früchte in einen ungelochten Behälter füllen.

20 Minuten bei 80 °C dämpfen.

Auf 4 Schüsselchen aufteilen und jeweils mit einem EL gehackter Pistazien bestreut servieren.

Obst und Gemüse – vegetarisch und vegan

🌱 vegan   ★ reich an Vitaminen   ✕ erfrischend

Buntes Sommerkompott

FÜR 4 PORTIONEN

100 g sonnengereifte Brombeeren
100 g sonnengereifte Johannisbeeren
250 g süß-säuerliche Äpfel
250 g Birnen
1 Vanilleschote
Saft und Abrieb von 1 Bio-Zitrone
2 Zweige Pfefferminze

Brombeeren und Johannisbeeren waschen. Äpfel und Birnen schälen und in kleine Würfel schneiden. Vanilleschote der Länge nach aufschneiden, Mark auskratzen.

Das Obst gemeinsam mit dem Vanillemark, der ausgekratzten Vanilleschote, etwas Zitronensaft und -abrieb sowie 400 ml Wasser in einen ungelochten Behälter geben. Bei 100 °C 10 Minuten dämpfen.

Das Kompott kann kalt oder warm genossen werden. Vor dem Servieren mit frischen Pfefferminzblättern servieren.

Fleisch und Geflügel

Fleisch und Geflügel

Klare Asia-Hühnersuppe mit Austernpilzen und Gemüse

FÜR 4 PORTIONEN

1 Hühnerkarkasse vom Bio-Huhn (Hühnerrücken, Flügel, Innereien etc.)
1 Bund Frühlingszwiebeln
3 Knoblauchzehen
½ Stangensellerie
1 Lorbeerblatt
1 Stück Ingwer, in Scheiben geschnitten
1 Stück Gelbwurz, in Scheiben geschnitten (ersatzweise 1 TL Gelbwurz oder Currypulver gemahlen)
5 bunte Pfefferkörner
5 Korianderkörner
Salz
100 g Zuckererbsenschoten
100 g Chinakohl
100 g Zucchini
200 g Austernpilze
100 g Mungbohnensprossen
Sojasauce
schwarzer Sesam

Hühnerkarkasse mit 1,2 l Wasser, Frühlingszwiebeln, Knoblauch, Stangensellerie und Gewürzen in einen ungelochten Behälter füllen, salzen und bei 100 °C 2 Stunden dämpfen.

In der Zwischenzeit das Gemüse waschen, Zuckererbsenschoten von Fäden, Chinakohl und Zucchini von Strunkansätzen befreien. Zucchini in kleine Stifte, Chinakohl in Streifen schneiden. Austernpilze putzen und in ganz feine Streifen schneiden.

Hühnersuppe abseihen und das Gemüse, die Pilze und die Bohnensprossen 3 Minuten in der Suppe dämpfen. Mit Sojasauce abschmecken und mit schwarzem Sesam bestreut servieren.

Tipp: Wenn Sie ein ganzes Huhn gekauft, aber nur Brust, Flügel und Keulen verarbeitet haben, eignet sich dieses Rezept gut, um die Reste zu verwerten. Für die Instant-Variante können Sie das Gemüse mit den Gewürzen auch in einer fertigen Bio-Hühnerbrühe weichdämpfen.

Fleisch und Geflügel

★ reich an ungesättigten Fettsäuren

Kalter Rindfleisch-Fisolen-Salat mit Kürbiskern-Senf-Dressing

FÜR 4 PORTIONEN

400 g mageres Rindfleisch
1 Lorbeerblatt
3 Wacholderbeeren
1 Bund Petersilie
Salz
Pfeffer aus der Mühle
400 g grüne Bohnen (Fisolen)
1 rote Zwiebel
1 Klecks Dijonsenf
1 Schuss steirisches Kürbiskernöl
1 Schuss Apfelessig
1 Handvoll Kürbiskerne, gehackt

Rindfleisch mit Lorbeerblatt, Wacholder und Petersilie im Ganzen in einen ungelochten Behälter geben und bei 100 °C rund 2 Stunden dämpfen. Am Ende der Garzeit mit Salz und Pfeffer würzen. Das Fleisch anschließend abkühlen lassen, die Gewürze entfernen und den entstandenen Fleischfond beiseitestellen.

Grüne Bohnen waschen und von Stielansatz und Fäden befreien. Je nach Größe schräg in die Hälfte oder in Viertel schneiden. In einem gelochten Behälter bei 100 °C 10 Minuten dämpfen. Zwiebel schälen und in Streifen schneiden.

Fleischfond mit Senf, Kürbiskernöl und Apfelessig zu einem Dressing mixen. Mit Salz und Pfeffer abschmecken.

Das ausgekühlte Fleisch in Streifen schneiden. Grüne Bohnen, Fleisch und Zwiebel vermengen und mit dem Dressing marinieren. Im Kühlschrank 30 Minuten durchziehen lassen.

Mit Kürbiskernen bestreuen und servieren.

Fleisch und Geflügel

Spargelsalat mit Huhn auf Thai-Art

FÜR 4 PORTIONEN

500 g grüner Spargel
3 Frühlingszwiebeln
1 grüne Chili
1 rote Chili
1 Bund Koriander
500 g Bio-Hühnerbrust
Saft von 1 Limette
thailändische Fischsauce
Sesamöl
weißer und schwarzer Sesam

Spargel waschen und von holzigen Stielansätzen befreien.
Frühlingszwiebeln säubern, Wurzeln und Enden wegschneiden. In schräge Ringe schneiden. Chili von Strunk und Kernen befreien und fein hacken. Koriander waschen und abzupfen oder klein hacken.

Die Hühnerbrust in einen ungelochten Behälter füllen und bei 100 °C rund 10 Minuten dämpfen.

Die letzten 7 Minuten Spargel in einem gelochten Behälter mitdämpfen. Dann Spargel mit eiskaltem Wasser abschrecken, damit die Farbe schön bleibt. Hühnerbrust und Spargel in mundgerechte Stücke schneiden.

Hühnerstücke, Spargel, Frühlingszwiebeln, Koriander und Chili vermischen und alles mit etwas Dämpfsud, Limettensaft, Fischsauce und Sesamöl marinieren. Durchziehen lassen und mit Sesam bestreut servieren.

Fleisch und Geflügel

Hühnerbrust im Kürbiskern-Pfeffer-Mantel auf Blattsalat und Zuckererbsen

FÜR 4 PORTIONEN

4 EL Kürbiskerne
schwarzer Pfeffer aus der Mühle
Salz
400 g bunter Blattsalat
4 Bio-Hühnerbrüste
250 g Zuckererbsenschoten
Kürbiskernöl
Balsamicoessig

3 EL der Kürbiskerne in der Küchenmaschine zerkleinern, sodass eine Art Paniermehl entsteht. Kräftig mit frisch gemahlenem Pfeffer und Salz vermischen.

Blattsalat waschen, in mundgerechte Stücke schneiden und auf einem flachen Teller auflegen. Mit Salz und Pfeffer würzen.

Hühnerbrust in einem ungelochten Garbehälter bei 100 °C 10 Minuten weich dämpfen. Die letzten 3 Minuten Zuckererbsenschoten zum Huhn geben und mitdämpfen.

Die fertig gedämpften Hühnerbrüste im Kürbiskern-Paniermehl wenden, Panade etwas andrücken. Hühnerbrüste in schräge Scheiben schneiden.

Zuckererbsenschoten und Hühnerbruststücke auf dem Blattsalat drapieren und mit Kürbiskernöl und Balsamicoessig marinieren. Den Salat mit den restlichen Kürbiskernen bestreuen und servieren.

Fleisch und Geflügel

Curry-Hühnerspießchen auf Karotten-Ingwer-Kraut mit Erdnüssen

FÜR 4 PORTIONEN

500 g Bio-Hühnerbrust
2 EL Curry
1 Schuss Sojasauce

Holzspieße

Für das Gemüse:
4 Karotten
1 mittelgroßer Weißkohlkopf (Weißkraut)
2 cm Ingwer
kalt gepresstes Erdnussöl
Saft und Abrieb von 1 Bio-Zitrone
Salz
schwarzer Pfeffer aus der Mühle

Hühnerbrust von Sehnen, Haut und Fett befreien und in längliche Streifen schneiden. Diese auf Spießchen auffädeln und mit Curry und Sojasauce mindestens 1 Stunde marinieren.
Anschließend in einen ungelochten Behälter füllen und bei 100 °C 5 Minuten gar dämpfen.

Karotten schälen und grob raspeln. Kohlkopf waschen und fein hobeln. Ingwer raspeln. Gemüse in einen gelochten Garbehälter füllen und die letzten 2 Minuten gemeinsam mit den Spießchen mitdämpfen.

Gemüse mit Erdnussöl, Saft und Abrieb der Bio-Zitrone sowie Salz und Pfeffer marinieren. Die Spießchen auf dem Karotten-Ingwer-Kraut servieren.

Tipp: Dazu passen auch gehackte Erdnüsse.

Fleisch und Geflügel

Hühnerkeulen in Kokos-Zucchini-Curry

FÜR 4 PORTIONEN

400 ml Kokosmilch
2 Tomaten
3 EL mildes Currypulver
1 TL Garam masala
1 cm Ingwerknolle, gerieben
2 Knoblauchzehen, gerieben
   oder gepresst
Salz
schwarzer Pfeffer aus der Mühle
4 Bio-Hühnerkeulen
2 Zucchini
1 Bund Koriandergrün

Kokosmilch in einen ungelochten Garbehälter füllen. Tomaten vom grünen Strunk befreien und in Würfel schneiden. Gewürze, Ingwer und Knoblauch in die Kokosmilch einrühren, mit Salz und Pfeffer würzen. Tomatenstücke und Hühnerkeulen beifügen und bei 100 °C 30 Minuten dämpfen.

In der Zwischenzeit Zucchini waschen und in kleine Würfelchen schneiden. Nach den 30 Minuten die Zucchini beifügen und weitere 5 Minuten dämpfen.

Mit gehacktem Koriandergrün servieren.

Fleisch und Geflügel

● Leinöl enthält wertvolle Fettsäuren
💡 Grünkohl zählt zu den gesündesten Gemüsesorten der Welt

Hühnerbrust auf Kohlgemüse

FÜR 4 PORTIONEN

1 Stück Grünkohl
2–3 EL Bio-Gemüsesuppenwürze
1 EL Kümmel, gemahlen
400 g Hühnerbrust
Kräutersalz
bunter Pfeffer
1 Schuss Leinöl

Die äußeren Blätter des Kohls entfernen, Kohl waschen und in Streifen schneiden. In einen ungelochten Behälter füllen. Mit Gemüsesuppenwürze und Kümmel würzen, gut durchmischen und 20 Minuten bei 100 °C dämpfen.

Hühnerbrust mit Kräutersalz und buntem Pfeffer würzen, auf den Kohl setzen und weitere 10 Minuten bei 100 °C dämpfen.

Anschließend die Hühnerbrust in schräge Scheiben schneiden und mit dem Kohlgemüse anrichten. Vor dem Servieren mit Leinöl beträufeln.

Fleisch und Geflügel

Krautrouladen in Paprika-Mandel-Sauce

FÜR 4 PORTIONEN

Für die Fülle:
1 Bund Petersilie
1 Zwiebel
2 Knoblauchzehen
10 EL Haferflocken
100 ml Rindsuppe
1 Klecks Butter
800 g Bio-Hackfleisch (Faschiertes) vom Rind
Salz, Pfeffer
1 Klecks Dijonsenf

Für das Kraut:
1 Weißkohlkopf (Weißkraut)
250 ml Rindsuppe
Salz
Pfeffer
1 TL Kümmel

Für die Sauce:
600 g rote Paprika
50 g geriebene Mandeln
1 Schuss kalt gepresstes Mandelöl
1 Schuss Sherry
Salz
frischer Pfeffer aus der Mühle

etwas Petersilie für die Dekoration

Für die Fülle Petersilie waschen, Zwiebel und Knoblauch schälen, alles fein hacken.
Haferflocken in etwas Rindsuppe einweichen. Zwiebel, Knoblauch und Petersilie in etwas Butter ansautieren. Anschließend mit dem Hackfleisch vermengen. Die Masse gut verkneten und mit Salz, Pfeffer und Dijonsenf würzen.

Den Weißkohlkopf in einem gelochten Behälter bei 100 °C 2–3 Minuten blanchieren. Anschließend die äußeren Blätter loslösen. Diesen Vorgang mehrere Male wiederholen, bis genügend Kohlblätter zur Verfügung stehen.

Nun die blanchierten Blätter mit der Fleischmasse füllen und zu kleinen Rouladen zusammenfalten bzw. drehen. In einen ungelochten Behälter füllen und mit der Rindsuppe begießen.

Den restlichen Kohl fein hobeln, mit Salz, Pfeffer und etwas Kümmel würzen und ebenfalls in einen gelochten Behälter füllen. Paprika für die Sauce von Stiel und Kernen befreien und in breite Streifen schneiden. In einen ungelochten Behälter füllen.

Nun alles gemeinsam bei 100 °C 25 Minuten dämpfen. Dann die gedämpften Paprika herausnehmen. Kohl und Rouladen für weitere 5 Minuten dämpfen.

Die gedämpften Paprika in der Zwischenzeit mit Mandeln, etwas Sud der Rouladen, Mandelöl und Sherry mit dem Stabmixer zu einer Sauce mixen. Mit Salz und Pfeffer abschmecken.

Die fertig gedämpften Rouladen mit der Paprikasauce überziehen, mit Petersilie garnieren und gemeinsam mit dem gedämpften Kohl servieren.

Fleisch und Geflügel

Lamm mit Zitrone, Sellerie und Salbei

FÜR 4 PORTIONEN

400 g Bio-Lammkeule
　in Scheiben geschnitten
Kräutersalz
weißer Pfeffer aus der Mühle
1 Bio-Zitrone
1 Sellerieknolle
Kokosöl
1 Handvoll frische Salbeiblätter

Lammfleisch mit Kräutersalz und weißem Pfeffer würzen. Zitrone waschen und in feine Streifen schneiden. Kokosöl in einer Pfanne erhitzen und das Fleisch darin scharf anbraten. Wenn es leicht gebräunt ist, Zitronenstreifen dazugeben und alles so lange braten, bis die Zitronen leicht karamellisiert, also auch gebräunt sind.

In der Zwischenzeit Sellerieknolle schälen und in kleine Würfel schneiden.
Sellerie in einen ungelochten Behälter füllen, mit Kräutersalz und weißem Pfeffer würzen und das angebratene Fleisch und die Zitronen darauflegen. Bei 100 °C 10–15 Minuten dämpfen.

Salbeiblätter in heißem Kokosöl frittieren.

Das Lamm auf dem Sellerie platzieren und alles mit dem frittierten Salbei bestreut servieren.

Fleisch und Geflügel

Schweinsgulasch mit roten Linsen

FÜR 4 PORTIONEN

1 große Zwiebel
3 Knoblauchzehen
3 rote Spitzpaprika
400 g Schweinsgulaschfleisch
200 g getrocknete rote Linsen
etwas Pflanzenöl
2 EL edelsüßes Paprikapulver
3 EL Tomatenmark
1 TL Kümmel, gemahlen
1 TL Majoran, getrocknet
1 Lorbeerblatt
1 Schuss Sahne (Obers)
Salz
schwarzer Pfeffer
1 Schuss Balsamicoessig

Zwiebel und Knoblauch schälen und fein hacken. Paprika von Stielansatz und Kernen befreien und in kleine Würfel schneiden. Schweinefleisch in mundgerechte Würfel schneiden. Linsen waschen. Nun Zwiebel und Knoblauch am Herd in etwas Öl anbraten, Paprikapulver mitrösten, Tomatenmark beifügen und mit ½ l Wasser ablöschen, einmal aufkochen lassen.

Fleisch und Zwiebel-Paprika-Sud mit Paprikawürfelchen, Kümmel, Majoran und Lorbeer in einen ungelochten Behälter geben und bei 100 °C 35 Minuten dämpfen. Anschließend Linsen beifügen und weitere 35 Minuten dämpfen.

Nun Sahne einrühren, mit Salz, Pfeffer und Balsamicoessig abschmecken und mit frisch gehackter Petersilie bestreut servieren.

Tipp: Dazu passt ein knackiger Blattsalat.

Fleisch und Geflügel

— Walnüsse enthalten wertvolle Fettsäuren

Faschierte Fleischlaibchen mit Walnüssen und Pesto-Rahm

FÜR 4 PORTIONEN

1 Zwiebel
2 Knoblauchzehen
1 Bund Petersilie
600 g Bio-Hackfleisch
   (Faschiertes) vom Rind bzw.
   Rind und Schwein gemischt
2 kleine Eier
80 g geriebene Walnüsse
Salz
Pfeffer aus der Mühle
etwas Fett für den Dampfbehälter

Für die Sauce:
4 EL Basilikumpesto
1 Becher saure Sahne (Sauerrahm)
1 Spritzer Zitronensaft
Salz
Pfeffer aus der Mühle

Zwiebel und Knoblauch schälen und sehr fein hacken. Petersilie waschen und fein hacken. Das Hackfleisch mit Eiern, Zwiebel, Knoblauch, etwas Petersilie und Walnüssen vermengen, gut durchkneten und mit Salz und Pfeffer abschmecken. Laibchen (Bratlinge) oder Bällchen formen und in einen gefetteten, gelochten Behälter füllen. Die Laibchen bei 100 °C 30 Minuten dämpfen.

Für die Sauce Pesto mit saurer Sahne verrühren und mit Zitronensaft, Salz und Pfeffer abschmecken. Die gedämpften Laibchen mit dem Pesto-Rahm überziehen und warm servieren.

Dazu passen Gemüsepüree mit Haselnüssen (siehe Seite 82) oder Zucchini-Spaghetti mit Basilikum (siehe Seite 78).

Fleisch und Geflügel

Scharfer Putentopf mit getrockneten Tomaten und Kapern

FÜR 4 PORTIONEN

1 große Zwiebel
3 Knoblauchzehen
3 rote Paprika
2 Chilis
500 g Bio-Putenschnitzelfleisch
100 g getrocknete Tomaten
2 EL Olivenöl extra vergine
2 EL Rosenpaprika
2 EL Tomatenmark
400 ml Hühnersuppe
20 g Salzkapern
1 Lorbeerblatt
1 Zweig Thymian
Salz
Pfeffer
1 Handvoll frische Salbeiblätter, gehackt

Zwiebel und Knoblauch schälen und fein hacken. Paprika und Chili von Strunk und Kernen befreien. Chili fein hacken, Paprika in Würfel schneiden.

Putenfleisch in mundgerechte Würfel schneiden. Getrocknete Tomaten in Streifen schneiden.

In einer Pfanne Zwiebel, Paprika, Knoblauch und Chili mit etwas Olivenöl anrösten. Mit Rosenpaprika würzen, Tomatenmark beifügen und etwas mitrösten. Mit der Hühnersuppe aufgießen und einmal kurz aufkochen, bis die Sauce ein bisschen eindickt.

Nun Putenfleisch, Kapern, Paprikasauce und getrocknete Tomaten mit Lorbeer und Thymian in eine ungelochte Dampfgarschale geben und bei 100 °C rund 15–20 Minuten garen, bis das Fleisch schön weich ist. Salzen und pfeffern.

Mit Chilis und Salbeiblättern dekoriert heiß servieren.

Fleisch und Geflügel

Schweinslungenbraten mit Knoblauch-Kümmel-Fülle in Leinsamen-Senf-Sauce

FÜR 4 PORTIONEN

6 Knoblauchzehen
Salz
Pfeffer aus der Mühle
1 EL ganzer Kümmel
1–2 Bio-Schweinefilets
Olivenöl extra vergine

Für die Sauce:
1 rote Zwiebel
Olivenöl extra vergine
3 EL Dijonsenf
1 EL Leinsamenmehl
250 ml Sahne (Obers)
1 Handvoll frischer Estragon
   (ersatzweise Petersilie)
Salz und Pfeffer

Knoblauch schälen und mit Salz, Pfeffer und Kümmel im Mörser oder in der Küchenmaschine zu einer Gewürzpaste zerkleinern. In der Mitte der Schweinefilets der Länge nach mit einem Messer oder Kochlöffel ein Loch machen und die Gewürzfülle hineinstopfen. Mit Salz und Pfeffer würzen.

In einer Pfanne mit etwas Olivenöl rundherum scharf anbraten. Anschließend in einem ungelochten Behälter 10 Minuten bei 100 °C dämpfen.

Für die Senfsauce Zwiebel schälen und in kleine Würfel schneiden. In etwas Olivenöl anrösten, Senf und Leinsamenmehl beifügen, kurz mitrösten und mit Sahne aufgießen. Zu einer sämigen Sauce einkochen lassen. Gehackten Estragon oder Petersilie beifügen und mit Salz und Pfeffer abschmecken.

Die gedämpften Schweinefilets in Scheiben aufschneiden und mit der Senfsauce überziehen.

Tipp: Dazu passen Kohlrabi in Bohnensauce (siehe Seite 83) und ein knackiger Blattsalat.

Leinsamen zählen zu den heimischen Superfoods und sind ähnlich wertvoll wie die südamerikanischen Chiasamen. Ein beachtlicher Anteil an Omega-3-Fettsäuren und viele wertvolle Proteine machen die kleinen Wunderwerke zu heilsamen und schmackhaften Zutaten der Low-Carb-Küche und für's glutenfreie Backen. Zudem freuen sich Darm und Verdauung.

Fleisch und Geflügel

Saftige Putenkeule mit Zwiebeln in Sojasauce

FÜR 4 PORTIONEN

2 cm Ingwer
4 Knoblauchknollen
1 Bio-Putenkeule, ca. 1 kg
Saft von 1 Limette
1 kg Zwiebeln
Sojasauce (oder Tamari)
Szechuanpfeffer

Ingwer reiben, Knoblauch schälen und beides in dünne Scheiben schneiden. Die Putenkeule mit Ingwer und Knoblauch spicken bzw. die Gewürze unter die Haut schieben. Mit etwas Limettensaft einreiben und im ungelochten Behälter bei 100 °C 1 Stunde dämpfen.

In der Zwischenzeit Backofen auf 200 °C Ober- und Unterhitze vorheizen. Zwiebeln schälen und in dicke Scheiben schneiden. Zwiebelscheiben in einen Bräter legen. Nun die gedämpfte Putenkeule aus dem Dampfgarer nehmen, den Dämpfsud auffangen und beiseitestellen. Die Keule auf das Zwiebelbett legen. Mit Sojasauce und Szechuanpfeffer würzen und mit etwas Dämpfsud übergießen. Im Backofen 25–30 Minuten knusprig braten.

Anschließend in Scheiben schneiden und auf den Zwiebeln servieren.

Tipp: Dazu passen Zuckererbsenschoten mit Cashewnüssen (siehe Seite 60).

Fisch und Meeresfrüchte

Fisch und Meeresfrüchte

Sauerkrautsuppe mit Karpfenfilet

FÜR 4 PORTIONEN

200 g Zwiebel
4 Knoblauchzehen
1 roter Paprika
Olivenöl extra vergine
2 EL Rosenpaprika
2 EL Tomatenmark
400 g Sauerkohl (Sauerkraut)
1 l Gemüsesuppe
2 TL Kümmel gemahlen
8 Wacholderbeeren
2 Lorbeerblätter
Salz
Pfeffer aus der Mühle
300 g Karpfenfilet

Zwiebel und Knoblauch schälen und fein hacken. Paprika von Kernen, Strunk und weißen Seitenwänden befreien und in feine Streifen schneiden. Zwiebel, Knoblauch und Paprika in Olivenöl ansautieren. Hitze reduzieren und Paprikapulver einstreuen. Durchrühren, Tomatenmark dazugeben und kurz mitrösten. Sauerkohl beifügen. Mit Gemüsesuppe aufgießen und mit Kümmel, Wacholder, Lorbeer, Salz und Pfeffer würzen.

Nun die Suppe in einen ungelochten Behälter füllen und bei 100 °C 35 Minuten weich dämpfen.
In der Zwischenzeit das Karpfenfilet in Streifen schneiden und in den letzten 5 Minuten zur Suppe geben und mitdämpfen. Heiß servieren.

Fisch und Meeresfrüchte

Fenchel mit Lachs und Oliven

FÜR 4 PORTIONEN

4 Fenchelknollen
2 Bio-Lachsfilets
 (oder Wildlachsfilets
 aus nachhaltiger Fischerei)
Salz
Pfeffer aus der Mühle
1 Handvoll schwarze Oliven ohne Kern
Olivenöl extra vergine
1 Klecks Dijonsenf
Saft und Abrieb von 1 Bio-Zitrone

Fenchel waschen, Fenchelgrün abschneiden und beiseitelegen. Fenchel in dünne Scheiben bzw. Streifen schneiden. Fischfilets in dicke Streifen schneiden, mit Salz, Pfeffer und Zitronensaft würzen.

Fenchel in einen ungelochten Behälter füllen, mit Salz und Pfeffer würzen, Oliven beifügen. Die Lachsstreifen darauflegen und alles bei 100 °C 5 Minuten dämpfen.

Vor dem Anrichten den Dämpfsud mit Olivenöl, Dijonsenf, etwas Zitronensaft und -abrieb, Salz und Pfeffer zu einem Dressing rühren. Fenchel und Fisch damit marinieren.

Fisch und Meeresfrüchte

— reich an gesunden Flavonoiden

Rote-Rüben-Türmchen mit Saiblingscreme

FÜR 4 PORTIONEN

200 g Rote Beten (Rote Rüben)
200 g Kohlrabi
200 g Saiblingsfilet
Salz
Pfeffer
Olivenöl extra vergine
Saft und Abrieb von 1 Bio-Zitrone
150 g Frischkäse
15 g frisch geriebener Meerrettich (Kren)

Zahnstocher

Rote Beten und Kohlrabi schälen. Jeweils in 5 mm dünne Scheiben schneiden. In zwei getrennte gelochte Behälter geben und bei 100 °C rund 10 Minuten dämpfen.

Anschließend das Saiblingsfilet bei 90 °C 7 Minuten dämpfen. Dann Haut und Gräten entfernen und das Fischfleisch mit einer Gabel zerdrücken. Mit Salz, Pfeffer, Olivenöl und etwas Zitronensaft und -abrieb würzen.

Frischkäse mit geriebenem Merrettich verrühren und mit Salz und Pfeffer abschmecken.

Nun abwechselnd Rote-Beten-Scheiben, Kohlrabi, Saiblingstatar und Merrettichcreme zu einem Türmchen aufstapeln. In der Mitte mit einem Zahnstocher fixieren, mit frisch gemahlenem Pfeffer bestreuen und als Vorspeise genießen.

Fisch und Meeresfrüchte

Garnelen in Sesam-Zitronen-Dressing auf Zucchini-Nudeln

FÜR 4 PORTIONEN

500 g Tiefkühl-Bio-Riesengarnelen
2 Zucchini
Sesamöl
Saft und Abrieb von 1 Bio-Zitrone
1 Bund Koriander, gehackt
Gomasio (Sesamsalz)*
optional: Chilis

Garnelen langsam auftauen lassen. Zucchini waschen, Enden entfernen. Mit dem Spiralschneider in Spaghettiform schneiden. Zucchini und Garnelen jeweils in einen gelochten Behälter füllen und bei 100 °C 3 Minuten dämpfen.

Garnelen auf den Zucchininudeln anrichten und mit Sesamöl, Saft und Abrieb der Bio-Zitrone, Koriander und Gomasio marinieren. Wer es scharf mag, kann auch gehackte oder getrocknete Chilis beifügen. Kurz durchziehen lassen und lauwarm oder kalt servieren.

* Gomasio ist ein Sesamsalz, das entweder im Bioladen fertig gekauft werden kann oder ganz einfach selbst gemacht wird, indem man etwas Sesam mit Salz im Mörser zerkleinert.

Fisch und Meeresfrüchte

Sommerlicher Oktopus-Paprika-Salat

FÜR 4 PORTIONEN

1 ganzer Oktopus
   aus nachhaltiger Fischerei
1 Lorbeerblatt
4 Pfefferkörner
1 Zweig Rosmarin
4 Knoblauchzehen
Olivenöl extra vergine
1 roter Paprika
1 grüner Paprika
1 gelber Paprika
2–3 Schalotten
2 Chilis
2 Knoblauchzehen
1 Bund Petersilie
Meersalz
Pfeffer aus der Mühle
Sherryessig oder Saft von 1 Zitrone

Den Körperbeutel des Oktopus knapp hinter den Augen wegschneiden. Die Augenpartie entfernen und die Eingeweide aus dem Körperbeutel herausnehmen. Die dunkle Haut abwaschen.
Die Kauwerkzeuge aus der Mitte herausdrücken und mit dem weichen Gewebe entfernen.

Den Oktopus nun mit Lorbeer, Pfefferkörnern, Rosmarin, Knoblauch und einem Schuss Olivenöl würzen, in einen ungelochten Behälter geben und bei 100 °C 1 Stunde weich dämpfen. Anschließend abwaschen und in mundgerechte Stücke schneiden.

Während der Oktopus gart, Paprika waschen, von Strunk und Kernen befreien und in kleine Würfelchen schneiden. Schalotten schälen und in feine Würfel schneiden. Chilis entkernen und fein hacken. Knoblauch schälen und fein hacken. Petersilie waschen und fein hacken.

Alle Zutaten vermischen und den Salat mit Meersalz (Achtung, nicht zu viel!), frischem Pfeffer, Olivenöl und gutem Essig oder Zitronensaft marinieren. Etwas durchziehen lassen und lauwarm oder kalt als Vorspeise genießen.

Tipp: Kulinarisch betrachtet ist es kein Fehler, tiefgefrorenen Oktopus zu verwenden. Durch das Frieren werden die Zellen so aufgebrochen, dass das Fleisch beim Garen mürbe und zart wird. Wenn Sie tiefgefrorenen Oktopus verwenden, lassen Sie diesen vor der Zubereitung langsam auftauen.

Fisch und Meeresfrüchte

→ reich an gesunden Flavonoiden

Bunter Sprossen-Blattsalat mit Forelle in Zitronen-Senf-Dressing

FÜR 4 PORTIONEN

4 Forellenfilets

Für den Salat:
1 Radicchio
1 Handvoll Rucola
1 kleiner Eisbergsalat
4 Frühlingszwiebeln
2 Handvoll frische Sprossen
    (z. B. Radieschen- oder
    Brokkolisprossen etc.)

Für das Dressing:
1 Knoblauchzehe
Olivenöl extra vergine
Saft und Abrieb von 1–2 Bio-Zitronen
1 Klecks Senf
Kräutersalz
Pfeffer aus der Mühle

1 Bund Petersilie, fein gehackt

Salat waschen und in dünne Streifen schneiden. Frühlingszwiebeln reinigen, Enden entfernen. In schräge Ringe schneiden. Salat mit Sprossen und Frühlingszwiebeln vermengen.

Die Forellenfilets bei 90 °C im Dampfgarer 5 Minuten dämpfen.

Für das Dressing Knoblauch fein hacken oder pressen und mit Olivenöl, Zitronensaft, etwas Zitronenabrieb, Senf, Kräutersalz und Pfeffer verrühren.
Den Salat mit dem Dressing gut vermischen.

Forellenfilets auf den Salat legen und ebenfalls mit 1 Schuss Dressing überziehen.

Mit Petersilie bestreuen und servieren.

Fisch und Meeresfrüchte

Heimische Seeforelle auf Limetten-Safran-Gemüse

FÜR 4 PORTIONEN

2 Limetten
1 Prise Safran
400 g Seeforellenfilet
Meersalz
weißer Pfeffer
1 grüne Zucchini
1 gelbe Zucchini
1 roter Paprika
1 gelber Paprika
10 kleine Schalotten
1 Schuss Olivenöl extra vergine
1 Bund Schnittlauch

1 Limette auspressen. In den Saft ein paar Safranfäden einlegen. Fisch in schräge Stücke schneiden, mit Salz und Pfeffer würzen und mit der Hälfte des Safran-Limetten-Saftes beträufeln.

Gemüse waschen, von Stielansätzen bzw. Kernen befreien und in Würfel schneiden. Schalotten schälen und je nach Größe halbieren, vierteln oder achteln. Das Gemüse vermengen, den restlichen Limetten-Safran-Saft darunterrühren, mit Salz und Pfeffer würzen und in einen ungelochten Behälter füllen. Bei 100 °C 3 Minuten dämpfen. Anschließend die Fischfilets auf das Gemüse legen und alles zusammen bei 90 °C weitere 10 Minuten dämpfen.

1 Limette in Scheiben schneiden. Fisch und Gemüse mit Limettenscheiben und frischem Schnittlauch dekorieren und servieren.

Tipp: Das Gericht kann alternativ auch mit anderen Fischen zubereitet werden.

Fisch und Meeresfrüchte

Bunte Gemüsespaghetti mit Forellenröllchen und Basilikum-Aioli

FÜR 4 PORTIONEN

Für die Aioli:
1 Eigelb
1 TL Dijonsenf
100 ml Sonnenblumenöl
100 ml Olivenöl extra vergine
1 Knoblauchzehe
Saft von 1 Bio-Zitrone
Salz
Pfeffer aus der Mühle
1 Handvoll frische Basilikumblätter, fein gehackt
Olivenöl extra vergine

Für die Gemüsespaghetti:
1 gelbe Zucchini
1 grüne Zucchini
1 Karotte

Für den Fisch:
4 kleine Forellenfilets
Meersalz
Pfeffer aus der Mühle
Saft und Abrieb von 1 Bio-Zitrone
1 Handvoll frische Basilikumblätter

Küchengarn

Für die Aioli Eigelb mit Senf verrühren und tröpfchenweise mit Sonnenblumen- und Olivenöl mixen, bis die Masse eine mayonnaiseartige Konsistenz hat. Knoblauch schälen und hacken, darunterrühren und mit einem Spritzer Zitronensaft, Salz und Pfeffer abschmecken. Die gehackten Basilikumblätter beifügen und etwas durchziehen lassen.

Das Gemüse schälen und mit dem Spiralschneider in Spaghettiform schneiden.

Fischfilets von Gräten befreien, mit Salz, Pfeffer, Zitronenabrieb und etwas Zitronensaft würzen und mit Basilikumblättern belegen. Zu Röllchen zusammendrehen und ev. mit Küchengarn zusammenbinden.

Den Fisch in einer gelochten Garschale bei 90 °C 10 Minuten dämpfen. Die Gemüsespaghetti in einem gesonderten gelochten Behälter die letzten 3–4 Minuten mitgaren. Anschließend mit Olivenöl aromatisieren.

Die Gemüsespaghetti mit den gedämpften Fischröllchen servieren und dazu das Basilikum-Aioli reichen.

Fisch und Meeresfrüchte

Miesmuschel-Wurzelgemüse-Topf

FÜR 4 PORTIONEN

1 kg Miesmuscheln
4 Knoblauchzehen
1 kleiner Bund Petersilie
200 g Karotten
200 g gelbe Rüben
200 g Sellerieknolle
250 ml guter trockener Weißwein
Salz
Pfeffer aus der Mühle
2 EL Olivenöl

Muscheln säubern, den Bart entfernen und in kaltem Wasser wässern. Knoblauch schälen und sehr fein hacken. Petersilie waschen und ebenfalls klein hacken. Wurzelgemüse schälen und in kleine Würfelchen schneiden.

Muscheln in einen ungelochten Behälter füllen. Gemüse, Knoblauch, Weißwein und die Hälfte der Petersilie beifügen. Mit Salz und Pfeffer würzen, etwas Olivenöl darüberträufeln und bei 100 °C 7 Minuten dämpfen.

Anschließend mit der restlichen Petersilie bestreuen und mit dem Sud sofort servieren.

Tipp: Muscheln, die vor dem Kochen bereits geöffnet sind, unbedingt wegwerfen! Muscheln, die auch nach dem Dämpfen geschlossen bleiben, ebenso entsorgen!

Fisch und Meeresfrüchte

Zander im Dillmantel mit Zucchinibandnudeln

FÜR 4 PORTIONEN

2–3 Zucchini
2–3 Handvoll Pinienkerne
800 g Zanderfilets
Saft von 1 Zitrone
Salz
Pfeffer aus der Mühle
1 Bund Dille
Olivenöl extra vergine
1 Knoblauchzehe

Für die Zucchinibandnudeln Zucchini waschen, Enden abschneiden und mit dem Sparschäler in breite Streifen („Bandnudeln") schneiden. Pinienkerne grob hacken und in einer Pfanne rösten, bis sie duften.

Zander in Portionen aufschneiden, mit Zitronensaft beträufeln, salzen und pfeffern.
Bei 85 °C 7 Minuten weich dämpfen. Dille fein hacken. Den gedämpften Fisch mit Olivenöl einpinseln und mit gehackter Dille bestreuen.

In der Zwischenzeit die Zucchinistreifen bei 100 °C 2 Minuten dämpfen und anschließend mit gepresstem Knoblauch, Olivenöl, Salz und Pfeffer marinieren.

Fischfilets und Zucchinibandnudeln mit den gerösteten Pinienkernen bestreuen und servieren.

Ulli Zika, Johanna Sillipp

Droge Zucker & Weizen
Ein Plädoyer für ein Leben ohne Dick- und Krankmacher

ISBN 978-3-7088-0658-7
160 Seiten, durchgehend farbig, Broschur mit Klappen

Kaum eine Mahlzeit kommt heute ohne Zucker und Weizen aus. Gleichzeitig leiden in den Industrieländern immer mehr Menschen an Unverträglichkeiten, Darmerkrankungen, Diabetes und Übergewicht. Das ist kein Zufall: Zucker und Weizen können süchtig machen, und wenn die Falle einmal zugeschnappt ist, fällt der Ausstieg schwer.

Ulli Zika und Johanna Sillipp werfen einen Blick hinter die Kulissen dieser Thematik: Sie geben einen Einblick in evolutionäre Prägungen und kulturgeschichtliche Entwicklungen des Zucker- und Weizenkonsums. Die beiden Autorinnen ermutigen ihre Leserschaft, das eigene Essverhalten unter die Lupe zu nehmen und wertvolle Alternativen zu entdecken.

Ulli Zika

Grünes Eiweiß Blitzrezepte
60 Rezepte mit Hülsenfrüchten, Pilzen, Getreide und Nüssen

ISBN 978-3-7088-0672-3
128 Seiten, durchgehend farbig, Flexobroschur

Eine ausgewogene Ernährung ganz ohne Fleisch – blitzschnell auf den Tisch gezaubert? Bestsellerautorin Ulli Zika weiß, wie's geht: Sie kocht mit eiweißreichen pflanzlichen Lebensmitteln wie Bohnen, Linsen, Kichererbsen, Nüssen, Getreide oder Pilzen und stellt dabei die schnelle Küche in den Mittelpunkt.

Mehr als 60 unkomplizierte Rezepte für Vorspeisen und Snacks, Imbisse, Salate und Suppen, Hauptspeisen und Beilagen sowie Desserts lassen in Windeseile die köstlichsten Gerichte entstehen – vom Sellerie-Walnusscreme-Süppchen über den grünen Eiweiß-Gemüse-Wok bis zur Soja-Heidelbeer-Creme.

Neben kulinarischen Entdeckungen liefert das Buch aber auch viel Wissenswertes über die grünen Eiweißträger und gibt wertvolle Tipps zu ihrer Verarbeitung.

Dr. Wolfgang Lalouschek, Ulli Zika

Balance-Food
Mit Anti-Stress-Ernährung aus der Burn-out-Falle (50 Rezepte)

ISBN 978-3-7088-0689-1
128 Seiten, durchgehend farbig, Flexobroschur

Körper und Gehirn haben täglich eine Flut an Aufgaben zu bewältigen. Stress, Überlastung und Nährstoffarmut sorgen dafür, dass die Energiebilanz oft über lange Strecken im Minus ist. Wer gesund bleiben und der Burn-out-Falle entgehen will, kann jedoch lustvoll gegensteuern. Wolfgang Lalouschek und Ulli Zika zeigen, wie wir uns ernähren können, um Stress und Burn-out gegen Gelassenheit und Genuss zu tauschen, und verbinden ganzheitliches Wissen mit Erkenntnissen aus der modernen Hirnforschung. Neben ernährungsphysiologischen Empfehlungen gibt es praktische Tipps zur persönlichen Burn-out-Prophylaxe. Für die genussvolle Umsetzung sorgen 50 schmackhafte Balance-Food-Rezepte – z. B. für ein fruchtiges Hühnercurry, gedämpfte Forellenröllchen auf Safran-Fenchel, Polentaherzen mit Avocado und Granatapfelkernen ...